論理力ワークノートネクスト

Next

次《学習チェック表》

学習終了後に、☑か学習日を記入しましょう←

これからの時代に求められる国語力

　これからの時代、それはすでにもう私たちが現在生きているこの時代のことです。二十一世紀に入り混沌が進むその最中、私たちは生活が一変し、〈新しい生活〉を余儀なくされています。しかも、それが世界規模で起こっています。既に進んでいた分断がさらに進んでいるかのように見えます。

　これからの時代に必要な国語力とは、簡単に言えば、分断を乗り越え、異なった考え・文化・文脈をすり合わせ、つないでいく言語力だと私は考えます。分断されたものの中に、つながりを見つけ、すり合わせ、重ね、くらべ、共通点を見つけ、新しい展望を開く言語力が求められています。

　この国語力を、言葉そのものの力（言葉の力）とつながりを見つける力に分けて考えてみましょう。前者の言葉の力は、語彙や文法の力をふまえ、文章の全体や部分を把握する力です。一方、つながりを見つける力は、文章の全体や部分に、明確に、あるいは、隠れて存在する〈つながり〉を見つけ、つないでいき、文章の全体や部分をより深く理解する力です。おわかりの通り、この後者の〈つながりを見つける力〉こそ、〈論理力〉です。

　この文章を読む人の大半は、日本語が母語の人でしょう。日本語が母語の人が、大学入試の現代文問題などの難しい文章を読むときには、実は、大きな落とし穴があります。それは、普段の生活で日本語を無意識・無自覚に使ってしまっているということによって生まれる落とし穴です。普段、日本語を無意識・無自覚に使っているために、難しい文章を読むときに、なかなか意識的・自覚的に読めないということであり、無意識・無自覚に使っている言葉を、意識的・自覚的に鍛えることが難しいということです。

　練習などそれほどせずとも、棒を持って振ることはできます。投げられたボールに当てることもできるでしょう。そのような動作ができるからといって、野球の試合で投手の投げるボールをバットで打ち返すことは至難の業です。普段、無意識・無自覚にできてしまっている「棒を振る動作」だからこそ、立ち止まり、意識的・自覚的に自分の動作を確認し、修正することが必要です。

　国語力は、言葉そのものの力と論理力でできていると先ほど述べました。言葉そのものの力は、母語の場合、無自覚・無意識的に形成されてしまっています。もちろん、国語科の学習などでよりよくしていくことは可能ですが、大半は生活で学んでしまっているものであり、なかなか改善することが容易ではありません。

　一方、〈つながり〉を見つける力である論理力は、普段生活している間はまず身につきません。何気なく会話しているとき「あ、いまこの人は、具体と抽象の関係を使ったな」などとは考えないでしょう。逆に言えば、大学入試の現代文問題を読み解くときは、「あ、ここで、筆者は、具体と抽象の関係を使ったな」と意識しなければならないということです。論理力は、無意識・無自覚に使ってしまっている言葉を、意識化・自覚化させる装置でもあるわけです。

　論理力は、後天的に身につけられるし、身につけようとしないと身につかない力です。この『論理力ワークノート　ネクスト』は、言葉を意識化・自覚化させ、文章を深く読むための〈つながり〉を見つけることができる論理力を、基礎から応用、実践までステップで身につけていくようにできています。母語である日本語の言葉の力をステップで身につけていくことはなかなか難しいですが、論理力はそれができるのです。

　論理力は、無意識・無自覚に使っている言葉に、立ち止まらせ、振り返らせる力を持っています。それは、無意識・無自覚に生きている私たちを、立ち止まらせ、振り返らせることとも言えるでしょう。『論理力ワークノート　ネクスト』で、その一端をぜひ身につけてください。

本書の特長と使い方

本書は、三つの章からできています。第1章は、回ごとの学習目標に合わせた基礎力養成問題、第2章と第3章は、大学入試の過去問等を、第1章で学習したポイントを応用しながら解く問題となっています。解き終わったら、解答解説冊子で考え方、解き方を確認し、身につけましょう。

第1章 ―基礎― 〈8回分〉

入試で出題されるような文章のなかには、論の展開が複雑で、容易に読解できないと感じられるものも多くあります。けれどよく見てみると、複数の論理的な技法が組みあわされて使われているだけで、分解して考えればわかりやすくなることもよくあります。

第1章では、文章を論理的に分解できるようになるために、まずは技＝スキルを身につけていきます。一つ一つの技は決して難しいものではありません。技を一つ一つマスターしていき、また、組みあわされた技を見抜いて分解できるようになれば、一見複雑に見える入試現代文も恐るるに足りません。

この章は、大学教員が思いを込めて作成したパートでもあります。大学では、論理的な文章を読み、書くことが求められますが、大学に入ったばかりの新入生はなかなかうまくいかず、大学教員が苦労して教えています。この《基礎》の技を身につけることが、大学入試のみならず、大学入学後の学習・研究にも大きな助けになるのです。

《基礎》の一つ一つの技を確実に身につけ、それらを忘れずに自分の武器にして、これから長く続くあなたの言語生活に役立てましょう。

『論理力ワークノート　ネクスト』第1章　基礎　作成チーム

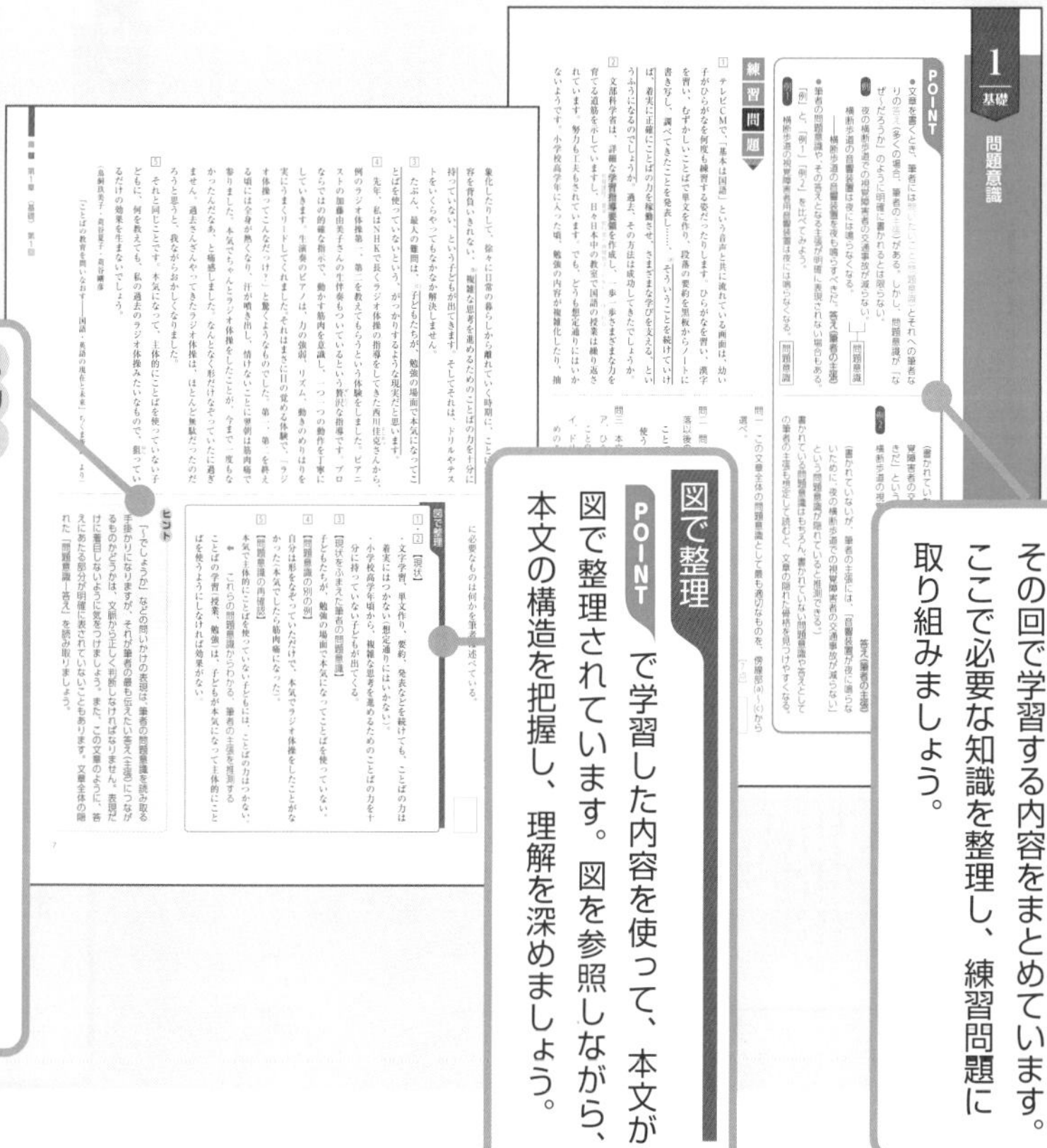

POINT
その回で学習する内容をまとめています。ここで必要な知識を整理し、練習問題に取り組みましょう。

図で整理
POINT で学習した内容を使って、本文が図で整理されています。図を参照しながら、本文の構造を把握し、理解を深めましょう。

ヒント
練習問題を解く際の参考になるとともに、知っておくと今後も役立つ知識を紹介します。

第2章 応用 総合演習〈8回分〉

第2章では、第1章で学んだ文章の論理的な読み方をふまえて、センター試験を中心に、大学入試問題等を素材とした問題に取り組みます。実際の入試問題では、三〇〇〇字が基本。近年は特に私立大学で長文化が目立ち、五〇〇〇字クラスの文章も珍しくありません。いきなりこれを読み切るのは難しいという人も多いでしょう。

そこで、本章では、一〇〇〇字程度で文章を区切り、二～三回に分けて全体を読んでいくという構成をとりました。また、入試問題をそのまま用いるのではなく、読解上のポイントとなる部分に焦点を合わせて、問題を用意しました。

文章の全体は、細部の積み重ねによって成り立っています。まずは、細部に着目しながら、一〇〇〇字程度の文章を読み切ることを、本章では目標とします。すでに第1章　基礎を学んだ皆さんには、無理ということはないはずです。もちろん難しい問題もありますが、ヒントを用意しましたので、それを参考にしてください。

こうして、短い文章を着実に読み切る力を養うことで、続く第3章　実践で扱うような、長文の入試問題にも太刀打ちできるようになるでしょう。

なお、コラムでは、本文に関連する内容を掘り下げて解説しました。入試問題で用いられる評論文は、学術的で高度な内容が論じられていることが多いですので、それが論じられている背景を知っていると、読解に有利になります。問題文にも頻出のテーマを選びました。問題を解き終わった後にコラムを読み、背景知識を蓄えてください。

RGBサリヴァン講師・ジェニュウィン講師　相澤　理

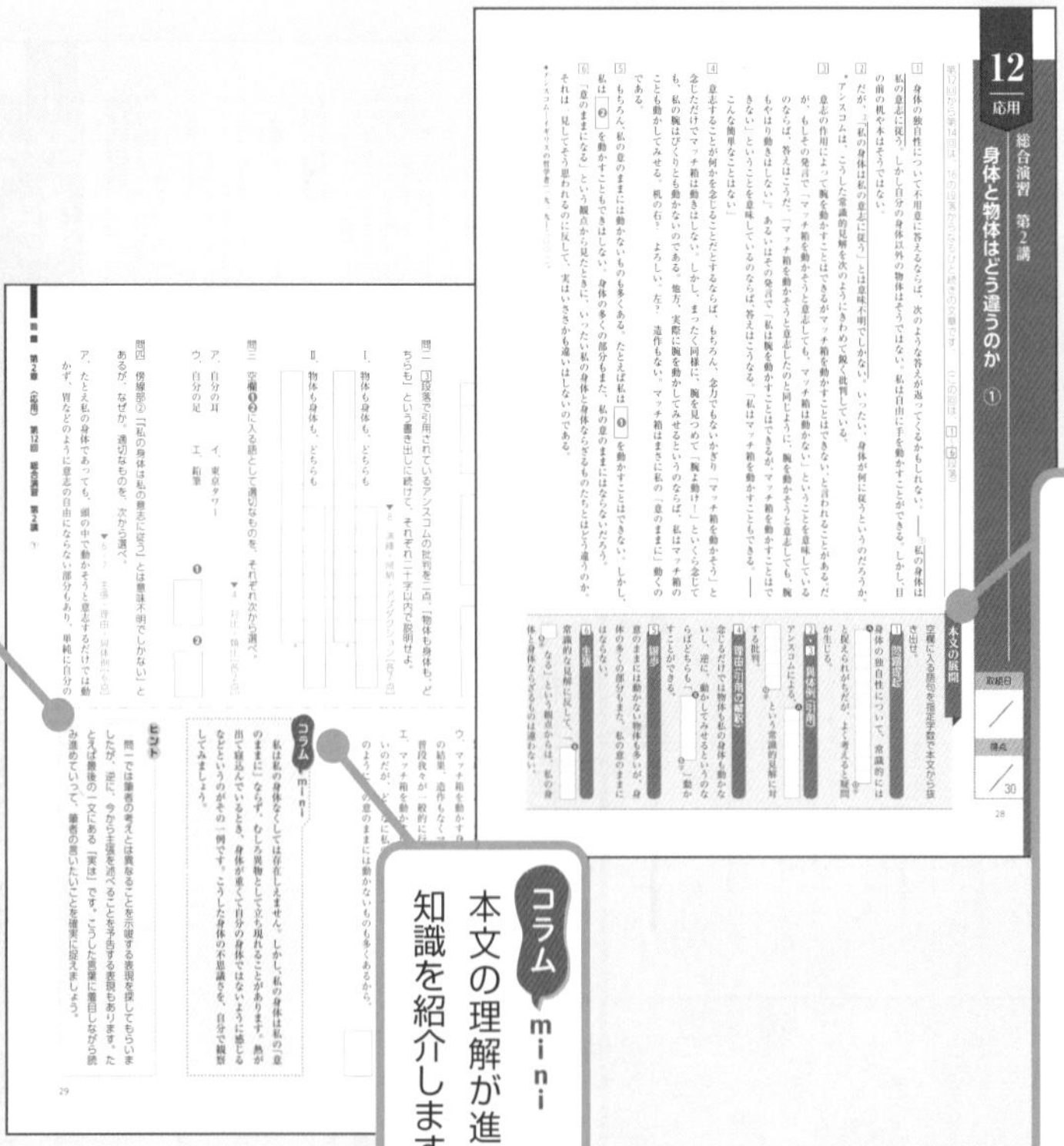

本文の展開
文章の展開を整理します。ポイントとなる部分を穴埋めで完成。段落ごとに内容を正確に捉えながら読む練習をします。

コラム mini
本文の理解が進む背景知識を紹介します。

ヒント
難しくても、すぐに解答解説を見るのではなく、自分なりに考えをまとめて答えを出してみることが大切です。そうすれば、答え合わせをしたときに自分の考えの何が正しくて何が間違っていたのかがわかり、次につながります。答えを出すための、思考を一歩先に進めるためのヒントです。

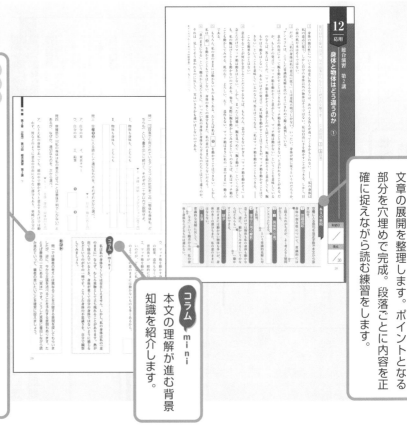

第3章 実践 入試問題にチャレンジ！〈5回分〉

第3章では、大学入試の過去問を使って、二五〇〇~四〇〇〇字程度の文章を読み解いていきます。問題文は、難関大学からの出題を中心に、〈難度は決して低くないけれども丁寧に論の展開を整理していけば読み解ける、良質の文章〉という観点から選びました。

設問については、皆さんの〈論理的思考力〉を鍛えるにふさわしい出題はそのまま使用していますが、近年の入試傾向等もふまえ、大幅に手を加えたものもあります。いずれにせよ、第1章 基礎や第2章 応用で確認した〈論理〉を実践すれば正解を導き出せる、良問ばかりです。

解説でまず活用してほしいのは、EXERCISE! です。こちらは本文の内容や論の展開を整理するための穴埋め問題となりますが、将来的には、こうしたフローチャートを自分の手で作れるようになることを目標としてください。また、EXERCISE! の終わりには本文の要約をつけておきました。こちらはいきなり読むのではなく、穴埋め問題を解き終えて本文の全体像を捉えてから自ら要約を作成し、そのうえで参照すると力がつくでしょう。

設問の解説については、〈本文や設問をどのように読み、どう考えればその正解にたどり着けるのか〉という点を重視しました。こちらも、いきなり目を通すのではなく、まずは解説の最後のほうにある解答を見てマルつけをしましょう。次に、とくに間違えた設問について、何をどう考えればその正解を導くことができたのかを自分で考えてみましょう。そのうえで解説を熟読したほうが、きっとより効果的な学習になるはずです。

末尾にコラムも用意しました。入試現代文に頻出するテーマについて解説しています。より発展的な学習への第一歩として活用してください。

河合塾・河合塾マナビス講師　小池　陽慈

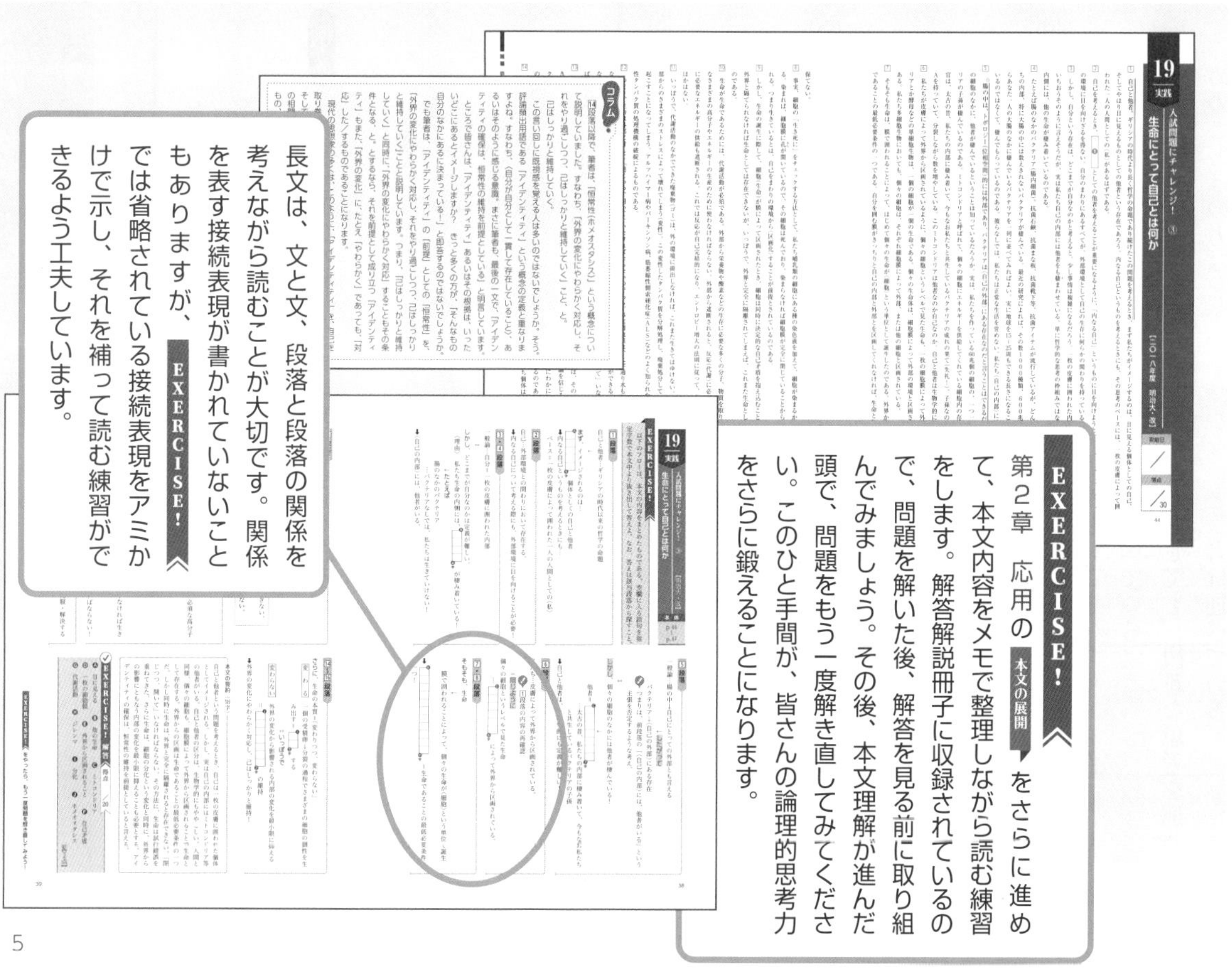
EXERCISE! 第2章 応用の 本文の展開 をさらに進めて、本文内容をメモで整理しながら読む練習をします。解答解説冊子に収録されているので、問題を解いた後、解答を見る前に取り組んでみましょう。その後、本文理解が進んだ頭で、問題をもう一度解き直してみてください。このひと手間が、皆さんの論理的思考力をさらに鍛えることになります。
長文は、文と文、段落と段落の関係を考えながら読むことが大切です。関係を表す接続表現が書かれていないこともありますが、EXERCISE! では省略されている接続表現をアミかけで示し、それを補って読む練習ができるよう工夫しています。

POINT

●文章を書くとき、筆者には問いたいこと（問題意識）とそれへの筆者なりの答え（多くの場合、筆者の主張）がある。しかし、問題意識が「なぜ～だろうか」のように明確に書かれるとは限らない。

例 夜の横断歩道での視覚障害者の交通事故が減らない。 問題意識
横断歩道の音響装置は夜には鳴らなくなる。
――横断歩道の音響装置を夜も鳴らすべきだ。答え（筆者の主張）

●筆者の問題意識や、その答えとなる主張が明確に表現されない場合もある。「例」と、「例1」「例2」を比べてみよう。

例1 横断歩道の視覚障害者用音響装置は夜には鳴らなくなる。 問題意識
（書かれていないが、この問題意識から、「夜の横断歩道での視覚障害者の交通事故を減らすために、音響装置を夜も鳴らすべきだ」という筆者の主張が推測できる。）

例2 横断歩道の視覚障害者用音響装置を夜も鳴らすべきだ。 答え（筆者の主張）
（書かれていないが、筆者の主張には、「音響装置が夜に鳴らないために、夜の横断歩道での視覚障害者の交通事故が減らない」という問題意識が隠れていると推測できる。）

書かれている問題意識はもちろん、書かれていない問題意識や答えとしての筆者の主張も想定して読むと、文章の隠れた骨格を見つけやすくなる。

練習問題

1 テレビCMで、「基本は国語」という音声と共に流れている画面は、幼い子がひらがなを何度も練習する姿だったりします。ひらがなを習い、漢字を習い、むずかしいことばで単文を作り、段落の要約を黒板からノートに書き写し、調べてきたことを発表し……、(a)そういうことを続けていけば、着実に正確にことばの力を稼働させ、さまざまな学びを支える、というふうになるのでしょうか。過去、その方法は成功してきたでしょうか。

2 文部科学省は、詳細な学習指導要領を作成し、一歩一歩さまざまな力を育てる道筋を示していますし、日々日本中の教室で国語の授業は繰り返されています。努力も工夫もされています。でも、どうも想定通りにはいかないようです。小学校高学年に入った頃、勉強の内容が複雑化したり、抽

※学習指導要領：教育課程の基準。教科書や時間割はこれをもとに作られる。

問一 この文章全体の問題意識として最も適切なものを、傍線部(a)～(c)から選べ。［7点］

問二 問一の問題意識から推測できる、筆者の主張は何か。次の空欄に3段落以後の文章中の語句を入れて、筆者の主張を完成させよ。［7点］

ことばの学習は、子どもが［　　　　］使うようにするべきである。

問三 本文の内容に合致しないものを、次から一つ選べ。［6点］

ア．ひらがなや漢字を習ったり、むずかしいことばで単文を作ったりすること自体、意味がないものだと筆者は述べている。

イ．ドリルやテストを繰り返してやったとしても、複雑な思考を進めるためのことばの力はなかなかつかないと筆者は述べている。

取組日　／
得点　／20

象化したりして、徐々に日常の暮らしから離れていく時期に、ことばが内容を背負いきれない、(b)複雑な思考を進めるためのことばの力を十分に持っていない、という子どもが出てきます。そしてそれは、ドリルやテストをいくらやってもなかなか解決しません。

3 たぶん、最大の難問は、(c)子どもたちが、勉強の場面で本気になってことばを使っていないという、がっかりするような現実だと思います。

4 先年、私はＮＨＫで長くラジオ体操の指導をしてきた西川佳克《よしかつ》さんから、例のラジオ体操第一、第二を教えてもらうという体験をしました。ピアニストの加藤由美子さんの生伴奏もついているという贅沢《ぜいたく》な指導です。プロならではの的確な指示で、動かす筋肉を意識し、一つ一つの動作を丁寧にしていきます。生演奏のピアノは、力の強弱、リズム、動きのめりはりを実にうまくリードしてくれました。それはまさに目の覚める体験で、「ラジオ体操ってこんなだっけ？」と驚くようなものでした。第一、第二を終える頃には全身が熱くなり、汗が噴き出し、情けないことに翌朝は筋肉痛で参りました。本気でちゃんとラジオ体操をしたことが、今まで一度もなかったんだなあ、と痛感しました。なんとなく形だけなぞっていたに過ぎません。過去さんざんやってきたラジオ体操は、ほとんど無駄だったのだろうと思うと、我ながらおかしくなりました。

5 それと同じことです。本気になって、主体的にことばを使っていない子どもに、何を教えても、私の過去のラジオ体操みたいなもので、狙《ねら》っているだけの効果を生まないでしょう。

（鳥飼玖美子・苅谷夏子・苅谷剛彦『ことばの教育を問いなおす――国語・英語の現在と未来』ちくま新書 より）

ウ．ラジオ体操の経験を例にして、子どもたちにことばの力をつけるために必要なものは何かを筆者は述べている。

図で整理

1・2【現状】
・文字学習、単文作り、要約、発表などを続けても、ことばの力は着実にはつかない（想定通りにはいかない）。
・小学校高学年頃から、複雑な思考を進めるためのことばの力を十分に持っていない子どもが出てくる。

3【現状をふまえた筆者の問題意識】
子どもたちが、勉強の場面で本気になってことばを使っていない。

4【問題意識の別の例】
自分は形をなぞっていただけで、本気でラジオ体操をしたことがなかった（本気でしたら筋肉痛になった）。

5【問題意識の再確認】
本気で主体的にことばを使っていない子どもには、ことばの力はつかない。
⇐ これらの問題意識からわかる、筆者の主張を推測する
ことばの学習（授業、勉強）は、子どもが本気になって主体的にことばを使うようにしなければ効果がない。

ヒント

「〜でしょうか」などの問いかけの表現は、筆者の問題意識を読み取る手掛かりになりますが、それが筆者の最も伝えたい答え（主張）につながるものかどうかは、文脈から正しく判断しなければなりません。表現だけに着目しないように気をつけましょう。また、この文章のように、答えにあたる部分が明確に表されていないこともあります。文章全体の隠れた「問題意識―答え」を読み取りましょう。

具体・抽象①
～語句と語句・文と文の関係～

取組日 ／

得点 ／20

POINT

●ある事柄が、直接見たり聞いたりできるような状態であればあるほど具体的であり、ある事柄の一部の特徴が抜き出されてまとめられるほど抽象的になる。

例　具体 ↔ 抽象
ペットのポチ ― 犬 ― 動物 ― 生物

●文章の場合、ある抽象的な事柄を説明するために、具体的な事柄を例として取り上げることが多い。このとき、抽象的な事柄と具体的な事柄の間には、関係を表す接続表現が用いられる場合がある。文章を読むときは、どこが具体と抽象の関係になっているかに注意しながら読もう。

例　モノを買うときに代金と消費税を支払う。仕事の対価として給料が支払われる。このように、何かをするときにはお金が動く。

具体
モノを買うときに代金と消費税を支払う。
仕事の対価として給料が支払われる。
このように
抽象
何かをするときにはお金が動く。

練習問題

1　『アリス』《『不思議の国のアリス』のこと》の物語は、ほとんどがアリスの夢だから、日常の世界ではありえないような①「不思議」に満ちている。

2　たとえば登場する動物たち。白ウサギやネズミやイヌといった見慣れた動物たちばかりでなく、カエルの顔やサカナの顔をした従者がいたり、笑うネコがあらわれたり消えたりする。さらには、すでに死滅したはずのドド《モーリシャス島に生息していた鳥類》や神話の怪物グリフォンまでがすがたを見せる。しかもそれらの動物たちは、たいていコトバを話す。アリス自身も、身長が伸びたり縮んだり、自分が流した涙の海におぼれたり、トランプの王と女王の裁判にかけられたりと、思いがけないことをつぎつぎと経験する。

3　それでは、この物語がまったくデタラメかと言えば、②そんなこともな

問一　傍線部①の具体例として不適切なものを、次から一つ選べ。［5点］

ア．アリスの身につけたイギリス社会の常識や正しい英語
イ．死滅したはずのドド
ウ．アリスの身長が伸び縮みすること

問二　傍線部②の具体例として不適切なものを、次から一つ選べ。［5点］

ア．小説の伝統にならって第三者の語り手がいる
イ．アリスがイギリス社会の常識を身につけている
ウ．アリスが現実感を失っている

問三　傍線部③「夢の論理でなく現実界の論理をもちつづけている」とはどのようなことか、具体的に説明せよ。［10点］

いらしいから、ますます「不思議」である。たとえば『アリス』には、小説の伝統にならって、第三者の語り手がいて、物語の流れをコントロールしたり、主人公のアリスの内面を説明したりする。さらに、アリス自身が他のどの登場者よりイギリス社会の常識をしっかり身につけていて、それによって、この物語の「不思議」を逆に際立たせている。

4 その点で、アリスの夢の世界は、ヒステリーや統合失調症（幻覚や妄想、まとまりのない思考や行動などの症状を示す精神疾患）と呼ばれる病的な症状とあきらかにちがっている。精神病理学者の宮本忠雄も指摘しているとおり、アリスは「たとえ夢の国に遊んでいるにせよ、最後まで現実感を失うことがなく、つまり③夢の論理でなく現実界の論理をもちつづけている」。

5 これはまた、『アリス』の物語で繰り広げられるコトバ遊びについても言えるだろう。アリスは幼いなりに「正しい英語」をかなり身につけているので、それが言語の規範（行動や判断などの基準）としてはたらいて、夢のなかでの彼女自身のコトバ遣いや、他の登場者たちのコトバ遣いを「奇妙」なものに見せているわけである。

（難波江和英・内田樹『現代思想のパフォーマンス』光文社新書　より）

図で整理

抽象 ↔ 具体

1・2
「不思議」
- たとえば 登場する動物たち
  - 見慣れた動物（コトバを話す）
  - カエルの顔やサカナの顔をした従者
  - 笑うネコ
  - 死滅したはずのドド
  - 神話の怪物グリフォン
- アリスの経験
  - 身長が伸びたり縮んだりする
  - 自分が流した涙の海におぼれる
  - トランプの王と女王の裁判にかけられる

3
まったくデタラメな物語ではない
- たとえば 小説の伝統にならう語り手がいる
- アリスが常識を身につけている

4
具体　アリスが夢の国で遊んでいても、現実感を失わない
つまり
抽象　夢の論理でなく現実界の論理をもちつづけている

ヒント

「何が具体で、何が抽象か」を意識して課題文を読みましょう。「抽象」。たとえば、「具体」や「具体」。つまり、「抽象」」などの接続表現は、具体・抽象の関係を見抜くキーポイントとなります。

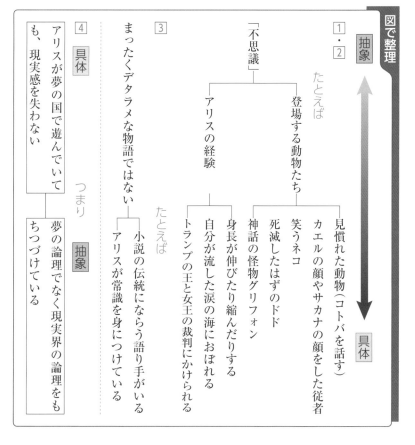

具体・抽象②
～段落間の関係～

取組日 ／

得点 ／20

POINT

●具体・抽象の関係は、語句と語句、文と文だけでなく、段落間にも見られる。このとき、「たとえば」などの接続語がない場合も多い。

例

1 私は日々健康に注意した生活を送っている。できるだけ健康で長生きをして、周囲の人に迷惑をかけたくないからだ。

2 決まった時間に、早寝早起きを心がけている。食事については、毎日きちんと三度とる。食事を作るときには、主食・主菜・副菜をバランスよく組み合わせることも怠らない。

3 運動については、週三回はジョギングをしている。近所に最近できたジムは、私以外にも高齢者が多く通っており気兼ねがないので、こちらも週三回利用している。このように毎日規則正しい生活を私はしているのだ。

この文章では、1段落の具体として2・3段落があるが、「たとえば」などの接続語がないだけでなく、形式段落と具体・抽象の関係が合っていない。「早寝早起き」「食事」「運動」は別々の段落にするか、一つの段落にするべきものである。また、3段落の最後の文はまとめなので、別の段落にするべきだろう。実際の文章ではこのようなことも多いので、頭の中で整理しながら読んでいこう。

練習問題

1 ①毎日毎日、少しでも「創造的な仕事をする」ことを心がけていく。たとえ、その一日の進歩はわずかでも、十年もたてば、とてつもない大きな変化が生じるのです。

2 その例として、私がよく引き合いに出すのが、「掃除」です。ほとんどの人が、イヤイヤ漫然と取り組んでいる掃除に、②真正面から、真剣に、そして創造的に取り組んでいけば、どうなるでしょう。

3 昨日まで(a)ほうきで自分の職場を右から左へ掃いていたのを、今日は、四隅から真ん中へ向けて掃くようにしてみる。あるいは、(b)ほうきだけで

問一 本文中に示された次の事柄のうち、傍線部①の具体例として適切なものを、次からすべて選べ。 〔4点〕

ア．掃除　イ．評価　ウ．人生

問二 傍線部②の具体例として適切なものを、波線部(a)～(f)からすべて選べ。 〔8点〕

問三 この文章を次のように分けるとしたら、どこで分かれるか。 〔各4点〕

(1) 四つに分けるとき、二つ目、三つ目、四つ目の最初の段落番号を答えよ。

二つ目		三つ目		四つ目	

はきれいにならないので、モップを使ってみる。さらに、モップでもらちが明かない（物事がはかどらない）なら、(c)多少お金はかかるが、上司に願い出て掃除機を買ってもらう。(d)掃除機を買えば一時的にコストはかかるが、長い目で見れば、手間や時間の削減にもつながっていくだろう。そして、その(e)掃除機も自分で改良して、さらに効率化と質的向上をはかる。

4 このように掃除一つ取っても、その取り組み方によって、より早く、よりきれいにする工夫がいくらでも可能になってくるのです。

5 そして、そのような創意工夫を日々重ね、やがて一年もたてば、(f)掃除のプロフェッショナルとして、そのノウハウ（物事のやり方の知識）が職場の仲間から高く評価されるようになることでしょう。そうすれば、建物全体の清掃を任されるということにもなるかもしれません。さらには、ビル清掃を請け負う会社を設立して、その会社を発展させることさえ不可能ではありません。

6 一方、「たかが掃除」などと言って、創意工夫を怠り、漫然とただ続けているような人は、なんの進歩も発展もなく、一年後も相変わらず同じような毎日をだらだらと続けているに違いありません。

7 これは掃除に限ったことではありません。仕事や人生もまったく同じことです。

8 どんなに小さなことでも積極的に取り組み、問題意識を持って、現状に工夫、改良を加えていこうという気持ちを持って取り組んだ人とそうでない人とでは、長い間には驚くほどの差が生まれるのです。

（稲盛和夫『働き方』三笠書房　より。
問題作成の都合上、段落分けを変更し、接続語を省略した箇所があります。）

(2) 三つに分けるとき、二つ目と三つ目の最初の段落番号を答えよ。

二つ目	三つ目

図で整理

抽象
1 【主張】日々、「創造的な仕事をする」ことを心がければ、十年もたてば、大きな変化が生じる。　i　一

具体《掃除》
2 具体例の導入
3 「日々の創造的な仕事」具体例
4 「日々の創造的な仕事」具体例のまとめ
5 「年月を重ねた後の大きな変化」具体例
6 2〜5との対比
ii　二

《仕事》《人生》
7 【2〜6の一般化】仕事や人生もまったく同じ。　iii

抽象
8 【主張の確認】どんなことでも積極的に、創意工夫する気持ちを持って取り組む人とそうでない人とでは、長い間には大差がつく。　iv　三

ヒント

「たとえば」「このように」といった接続表現があるときも、また、接続表現がないときも、何が何の例なのか、何が何のまとめなのかを注意深く読み取りましょう。段落間の具体・抽象関係をつかむには、図で整理してみるとよいでしょう。筆者の主張が抽象にあることがわかりますね。

取組日 ／

得点 ／20

POINT

●対比：差異・対立を述べる。通常、共通の事柄の中の対立(例1)か、ある特性が共通する複数の事柄の対立(例2)について述べる。後者の場合、筆者が読者に注意してもらいたいことを強調する場合によく用いられる。

例1　太郎は、サッカーの試合では情熱的なプレーを見せる一方で、仕事では冷静な判断にもとづいた働きを見せる。

太郎(共通)　サッカーでは情熱的 ↕ 仕事では冷静

例2　これまでは一般に「日本語は非論理的な言語で、英語は論理的な言語である(A)」と考えられていたが、「言語を論理的かどうかで区別することはできない(B)」と考えなければならない。

(A)も(B)も言語についての説明(共通)　(A) ↕ (B)

・(A)と(B)は、言語を論理的かどうかで区別可能かという点で対立
・(B)が重要であると強調するために対比を使っている

●類比：複数の事柄において、似ているまたは共通している特性や内容を述べる。

例　西洋において人工的な創作物が好まれたように、日本においても自然を人為的に作り上げていた。

(類似)　西洋：人工的な創作物を好む＝日本：人為的自然を作る

練習問題

1　読書するとは、自分でものを考えずに、代わりに他人に考えてもらうことだ。他人の心の運びをなぞっているだけだ。それは生徒が習字のときに、先生が鉛筆で書いてくれたお手本を、あとからペンでなぞるようなものだ。したがって読書していると、ものを考える活動は大部分、棚上げされる。自分の頭で考える営みをはなれて、読書にうつると、ほっとするのはそのためだ。だが読書しているとき、私たちの頭は他人の思想が駆けめぐる運動場にすぎない。読書をやめて、他人の思想が私たちの頭から引き揚げていったら、いったい何が残るだろう。だからほとんど一日じゅう、おそろしくたくさん本を読んでいると、何も考えずに暇つぶしができて骨休めに

棚上げ：処理を一時保留して手をつけないこと

問一　本文中から抜き出した語句を空欄に入れ、次の表を完成させよ。［各1点］

(1)　1段落の内容

類比

読書する
＝
他人に〔❶　　〕
(いいかえれば)
他人の心の運びをなぞっている
＝
(習字なら)〔❷　　〕
＝
自分の頭で〔❸　　〕が
駆けめぐる

↕ 対比 ↕

類比

〔❹　　〕
ものを考える
＝
自分の〔❺　　〕
＝
(運動なら)
〔❻　　〕
歩く

はなるが、自分の頭で考える能力がしだいに失われてゆく。いつも馬に乗っていると、しまいに自分の足で歩けなくなってしまうのと同じだ。

2 だがこれは非常に多くの学者にあてはまる。かれらは多読のために、愚かになっている。暇さえあれば、すぐ本を手に取り、たえず読書していると、たえず手仕事をするより、もっと精神が麻痺《まひ》する。手仕事なら作業にいそしみながら、あれこれ物思いにふけることができるからだ。

3 バネにずっと他の物体の圧力をかけ続けると、しまいに弾力が失われるのと同じように、たえず他人の考えを押しつけられると、精神は弾力性を失う。栄養をとりすぎると、胃が悪くなって、そのうち身体全体がだめになるように、精神も栄養分をとりすぎると、詰め込みすぎで窒息するおそれがある。いいかえれば、たくさん読めば読むほど、読んだ内容が精神にその痕跡《こんせき》をとどめなくなってしまう。精神はたくさんの事を次々と重ね書きされた黒板のようになってしまう。そのため**反芻**《はんすう》（繰り返して、よく味わい、考えること）し、じっくり噛《か》みしめることができない。だが食事を口に運んでも、消化してはじめて栄養になるのと同じように、本を読んでも、自分の血となり肉となることができるのは、反芻し、じっくり考えたことだけだ。

4 ひっきりなしに次々と本を読み、後から考えずにいると、せっかく読んだものもしっかり根を下ろさず、ほとんどが失われてしまう。概して精神の栄養も身体の栄養と変わりはなく、吸収されるのは、摂取した食物のせいぜい五十分の一にすぎない。残りは蒸発・呼吸作用その他によって消えてゆく。

（ショーペンハウアー『読書について』鈴木芳子訳、光文社古典新訳文庫　より）

(2) 3段落の内容　[各1点]

類比

ずっと〔❶　　〕と、
バネは〔❷　　〕を失う
＝
たえず〔❸　　〕と、
精神は〔❹　　〕を失う
＝
〔❺　　〕と、〔❻　　〕
が悪くなって、身体全体がだめになる
＝
〔❼　　〕も〔❽　　〕と、詰め込みすぎで窒息する
いいかえれば
たくさん読めば読むほど、読んだ内容が精神にその痕跡をとどめなくなる

⇕　対比　⇕

類比

（食事なら）
〔❾　　〕してはじめて栄養になる
＝
（本を読むとき）
読んだ内容を反芻し、
〔❿　　〕なら、自分の血となり肉となる

問二　本文の内容に合致しないものを、次から一つ選べ。　[4点]

ア．読書しているとき、私たちの頭はその本の思想の運動場になる。
イ．中途半端に本を読むのでは、自分で考える力がつかないので、本はより多く読むほうがよい。
ウ．たえず本を読んで、考えずにいると、読んだものもしっかり根を下ろさず、失われてしまう。

ヒント

「と違って」「逆に」「〜では、…ですが、〜では、…ありません」などの表現は、対比関係を見抜くとき、「(同じ)ように」「いいかえれば」などの表現は、類比関係を見抜くときのキーポイントとなります。

POINT

●原因と結果の関係（因果関係）は、「〜（な）ので、××だ」「××だ。なぜなら、〜（だ）からだ」などの接続表現を用いて表される。

例 雨が降ったので（原因）、試合は中止になった（結果）。

例 今日はとても眠い（結果）。なぜなら、昨日は徹夜で勉強をしたからだ（原因）。

●実際の文章では、こうしたわかりやすい接続表現がなく、因果関係が隠れている場合も多い。

例 日本近海の海域平均海面水温の上昇率は、過去百年間で一・一四度／百年であった（結果）。地球温暖化はここまで進んでいる（原因）。

例 前年度比で当社の紙の消費量が減少している（結果）背景には、すべての資料のデータ化（原因）がある。

練習問題

1 音声の特定に関しても視聴覚の交互作用にもとづく①錯覚があります。聴覚刺激では「バ(ba)」や「パ(pa)」の音を提示し、視覚刺激としては「ガ(ga)」や「カ(ka)」と発音している顔の動画像を提示すると、「ダ(da)」や「タ(ta)」の音として聞こえやすいことが知られています。この現象は、発見者の名前から「マガーク効果」と呼ばれていて、音声の知覚が視覚的情報によって変わることを示しています。

2 欧米人に比べると、日本人はマガーク効果が生じにくいことが指摘されています。日本人は特に会話の際、英語圏の話者より、相手の目に注意が向きやすいのです。他方、英語を含む多くの言語圏の話者は、口元を見ながらしゃべる傾向が強いため、マガーク効果が生じやすいようです。

3 実際、脳波などのさまざまな生理的指標を測定してチェックしたところ、英語圏の話者は、音が始まるほんの一瞬（数百ミリ秒）前から動いている口

問一 傍線部①「錯覚」は、どのような原因に対する結果として起こるか。本文中の言葉を用いて「〜の結果」に続く形で十字以内で答えよ。［7点］

の結果

問二 傍線部②「子音の数」の違いが結果としてどのような違いをもたらすと考えられるか。本文中の言葉を使って四十字以内で答えよ。［8点］

問三 本文の内容に合致しないものを、次から一つ選べ。［5点］

ア．英語圏の文化では、コミュニケーションにおいて視線を軽視しているため、マガーク効果が生じやすい。

イ．英語圏の話者は、会話の際、相手から得られる視覚的情報をもとにして聴覚的処理の負担を軽減していると考えられる。

ウ．文化による知覚の違いは、言語の音声学的特性やコミュニケーション

取組日 ／

得点 ／20

の視覚的情報によって音の候補を絞り、聴覚的処理の負荷を低くしているようです。それに対して、日本語の話者の場合、視覚情報があると、聴覚情報の処理を助けることにならず、むしろ余分な処理の負荷がかかってしまうようなのです。

4 このような文化による知覚の違いの基礎には、コミュニケーションにおける視線の重要性の違いのほか、日本語における②子音の数が他の言語と比べて少ないことがあるものと考えられています。日本語では、子音の数が少ないので、音声を発音する口元を見なくても子音の聞き分けができます。それに対し、子音が多い言語圏では、会話の際、相手の口元を見ないと、音だけで聞き分けるのが比較的困難なのです。

5 こうした言語の音声学的特性と、コミュニケーションにおける視線の重要性のような文化的特性とは、相互に影響し合いながら発展してきたのかもしれません。

（一川誠『ヒューマンエラーの心理学』ちくま新書 より）

の文化的特性の違いにもとづく。

図で整理

1 視聴覚の交互作用（原因）にもとづく錯覚（結果）＝「マガーク効果」

2・3 マガーク効果は英語圏の話者に生じやすく、日本人に生じにくい。

◆英語圏の話者……相手の口元を見ながらしゃべる

原因A 口の視覚的情報（原因a）によって音の候補を絞る（結果a）

※ 原因A の中にも原因aと結果aの因果関係がある。

その結果

結果A 聴覚的処理の負荷を低くしている

4

◆日本語の話者……相手の口元を見ながらしゃべらない（目に注目する）

◆日本語
子音の数が少ない（原因）
↓音声を発する口元を見なくても子音の聞き分けができる（結果）

◆英語を含む多くの言語
子音の数が多い（原因）
↓音声を発する口元を見ないと、音だけで聞き分けるのが比較的困難（結果）

ヒント

何が原因で何が結果なのかを考えながら課題文を読みましょう。「～によって、××」「～のため、××」などの表現が、因果関係を捉えるキーポイントとなります。また、ある因果関係が、別の因果関係につながっていることもあります。何が何をもたらしているのかを押さえながら読みましょう。

主張・理由・具体例①
～関係を読み取る～

POINT

●論説文には、筆者の主張が含まれている。また、筆者は、読者を説得するために、主張に理由を付けたり、具体例を伴わせたりする。何を主張しているのか、そしてそれを支えるためにどんな理由や具体例を挙げているのかを意識しながら読もう。

●理由は論拠、具体例は根拠とも言う。理由や具体例を伴って主張を述べることを論証と呼ぶこともある。

●主張とは本来、筆者と対立する考え方や筆者が問題視している状況に対して「私はこう思う」と自分の考えを述べるものである。主張がどのような考え方や状況に対して向けられたものかも読み取ろう。

●筆者は、読者に納得してもらうために、主張を何度も表現を変えて繰り返すことが多い。したがって、主張は一文とは限らない。

●主張・理由・具体例は、必ずしもワンセットで揃っているとは限らない。主張―具体例だけの場合、主張―理由だけの場合もある。

●筆者と対立する考え方や、筆者が問題視している状況に、理由や具体例が伴うこともある。論証において、何を支える理由なのか、何についての具体例なのかを読み取ることが大切である。

例 [問題視している状況]医学では、凄まじい勢いで治療法の開発が進んでいる。それは、[（問題視している状況の）具体例]iPS細胞の発見からもわかる。だが、[主張]人の病やケガを治すことばかりを考えていればよいわけではない。[（主張を支える）理由]人がどう死と向き合うか、その精神のあり方も考えねば人は豊かに生きられないからだ。

練習問題

1 東京の風景は混乱しているとよく言われます。僕はそれを①社会性が多重化した風景だと考えています。東京の風景から「多重なる社会性」が透かし見えるのではないかと考えるのです。それぞれ構築物や建物というのは、それがどんな社会性の中で考えられ、作られてきたのか、ということを断片的に見せているのです。例えば、これまでの役所の建物というのは、使い勝手と同時に、お上の威厳を示すためには、これくらいの体裁を整えないとみっともないというような意識で作られています。こういう体裁の問題というのは、住宅ならば向こう三軒両隣ぐらいの町並みとの調和ぐら

問一 傍線部①を言い換えた表現として不適切なものを、次から一つ選べ。［5点］

ア．それぞれの構築物や建物の社会性が断片的に見えている風景

イ．様々な社会性を生きる構造物が、協同せずに重なって見えている風景

ウ．社会性が一枚岩ではなく細分化して、崩壊している風景

問二 傍線部②は、⑴何を（25字以内）、⑵なぜ「あまり好きではない」のか（45字以内）、指定された字数で本文中から抜き出せ。［各5点］

⑴

⑵

取組日 ／

得点 ／20

いは配慮するとか、住人の社会的なステイタスを示すとかといった形になるかもしれませんが、いずれにせよどんな建物にも指摘できることです。そういう特定の集団や場所が内面化した規範をそれぞれの「社会性」と呼ぶならば、世の中の建物は、機能性と同様か、あるいはそれ以上に社会性によって規定されているはずです。（中略）

[2] 建築家の間の議論でも、あの建物は社会性があるとかないとかという言い方が時々なされます。でもそれは、人間関係について、あいつは社会性がないという言い方とよく似ています。しかし、僕はこういう言い方は②あまり好きではない。社会性がないといえるのは、一枚岩《いちまいいわ》（組織や団体がしっかりとまとまっていること）の社会性を前提にしているからではないかと思えるからです。極端な例を出せば、イスラム教の人が礼拝の時間になったら作業をやめて礼拝を始めるということに対して、今は仕事中だから作業しろよ、というのはこちらの社会性を押しつけているような気がしますよね。民族や宗教の違いがあれば、そういう社会性の違いがあることは理解しやすいかと思うのですが、同じ日本人同士だと、つい一枚岩的な社会性を想定してしまいがちです。ところが今の日本の都市の社会性はもはや一枚岩的ではなく、細分化してきている。それを社会性の崩壊と捉えることもできると思いますが、僕はいくつもの異なる社会性が同時に存在しているのが、日本社会の現在の条件の一つであるし、特に東京ではそれが極端な形で見られると思っています。（中略）東京の混乱した風景というのは、様々な社会性を生きる構造物が、協同することなく重なって見えているのだと思います。

（奥出直人・後藤武編『デザイン言語—感覚と論理を結ぶ思考法』所収　塚本由晴「観察と定着」慶應義塾大学出版会　より）

問三　本文の内容に合致しないものを、次から一つ選べ。［5点］

ア．住宅を建てる際には、近くの家との調和を配慮する住民は、社会性がある住民として評価されるべきである。

イ．日本は外国と社会性が異なるだけでなく、その内部に多くの社会性を持っている。

ウ．東京においては、日本の都市の社会性の現状を、度を超えた形で確認することができる。

図で整理

[1]
【主張1】東京の風景……社会性が多重化（＝特定の集団や場所が内面化した規範）

[2]
【対立する考え方】あの建物は社会性があるとかないとかという言い方
→【主張2】あまり好きではない
〔理由〕一枚岩の社会性を前提にしていると思えるから
〔具体例〕イスラム教の人への押しつけ

（同じ考え）
【対立する考え方】都市の社会性の細分化は、社会性の崩壊
→【主張1】いくつもの異なる社会性が同時に存在することが、日本社会の現在の条件の一つであり、東京ではそれが極端な形で見られる

（同内容の言い換え）
【主張1】東京の混乱した風景……様々な社会性を生きる構造物が、協同することなく重なって見えている

ヒント

まず、筆者と対立する考え方、筆者が問題視している状況と、それに対する筆者の主張を読み取ることに集中しましょう。それらが文章の「骨組み」で、理由や具体例は、その骨組みを支える「肉付け」です。

主張・理由・具体例②
～隠れた関係を読み取る～

取組日 ／

得点 ／20

POINT

●主張は、必ずしもはっきりとした言い切りの形で示されるとは限らない。たとえば、次のような表現で主張が述べられることがある。

例
・～ではないだろうか。
・～ということがあろうか（いやない）。
・～かもしれない。

筆者の問題意識を示す表現と区別しよう（⬇第1回「問題意識」）。

●具体例が含まれない論説文を読むときは、「これは、つまりこういうことだな」と、自分で身近な具体例を探しながら読むとよい。

例 「個性」的なものを見ても、私たちは完全に理解不能という状態には陥らない。**理由**
したがって、「個性」というものは、ある程度私たちの共通認識の上に成り立つものであると言える。**主張**

たしかに、個性的な音楽を聴いても、どこがサビなのかについては共通理解が可能だな……

練習問題

1 近代科学がこれほどまでに人々に信頼され、説得力をもったのは、なにゆえであろうか。古今の数ある理論や学問のなかで特別の位置を占めたのは、なにゆえであろうか。（中略）それは、一口で言えば、近代科学が十七世紀の〈科学革命〉以後、〈普遍性〉と〈論理性〉と〈客観性〉という、自分の説を論証して他人を説得するのにきわめて好都合な三つの性質をあわせて手に入れ、保持してきたからにほかならない。これらの三つの性質は、それまでの多くの理論にも個別的には見られたものの、互いに相容れず、両立できないと見なされていた。ところが、近代科学の誕生においてはじめて、それらは、結びつけられ、統一されることによって異例の力を発揮するようになったのである。

2 まず〈普遍性〉とは、理論の適用範囲がこの上なく広いことである。例外

問一 3段落の文ⓐ～ⓔについて、次の問いに答えよ。※ⓐ～ⓔは文記号。〔(1)(2)完答で10点〕

(1) 筆者の主張を示す文を選べ。 ［　　］

(2) (1)で答えた主張の具体例として、適切なものを次から選べ。 ［　　］

ア．私たちの身の回りには、「心」のように、はっきりと定義することが難しい概念もたくさんある。

イ．世界中で森林火災が時々起こるが、それは地球温暖化の影響が大きいということがわかってきた。

ウ．ニュートンが発見した万有引力の法則は、特定の地域だけでなく、地球上のすべての場所であてはまるものである。

問二 次の文は、1段落と2段落の要約である。空欄Ⓐ・Ⓑにあてはまる内容を、本文中から指定された字数で抜き出せ。〔各5点〕

〔要約〕 近代科学は、［Ⓐ（35字以内）］があったことで、人々に信頼されてきた。その一つが理論の適用範囲の広さを示す〈普遍性〉である。二つ目が、

なしにいつ、どこにでも妥当するということである。だから、そのような性格をもった理論に対しては、例外を持ち出して反論することはできない。原理的に例外はありえないのだから。次に〈論理性〉とは、主張するところがきわめて明快に首尾一貫していることである。理論の構築に関しても用語の上でも、多義的な曖昧《あいまい》さを少しも含んでいないということである。したがって、そのような性格をもった理論に対しては、最初に論者によって選ばれた筋道によってしか、問題が立てられず、議論できないことになる。最後に〈客観性〉であるが、これは、或《あ》ることが誰でも認めざるをえない明白な事実としてそこに存在しているということである。個々人の感情や思いから独立して存在しているということである。だから、そのような性格をもった理論にとっては、物事の存在は主観によっては少しも左右されないということになる。

3 (a)しかしながら、〈現実〉とは、このように近代科学によって捉えられたものだけに限られるのだろうか。(b)というより、このような原理をそなえた理論によって具体的な現実は捉えられているだろうか。否であろう。(c)むしろ、近代科学によって捉えられた現実とは、基本的には**機械論**的、力学的に選び取られ、整えられたものにすぎないのではなかろうか。(d)もしそうだとすれば、近代科学の〈普遍性〉と〈論理性〉と〈客観性〉という三つの原理はそれぞれ、なにを軽視し、無視しているのだろうか。(e)それらは、なにを排除することによって成立しえたのだろうか。そこでこんどは、そのことを考えてみる必要がある。

機械論：自然界を機械的に因果関係で説明しようとする理論

（中村雄二郎『臨床の知とは何か』岩波新書　より）

主張が明快に首尾一貫しており、多義的な曖昧さを含まないことを示す〈論理性〉である。そして三つ目が、物事が (B)（25字以内） ことを示す〈客観性〉である。

(A)

(B)

図で整理

1・2【問題視している現状】

近代科学……三つの性質によって信頼されてきた

①反論できない―〈理由〉〈普遍性〉があるから

②議論できない―〈理由〉〈論理性〉があるから

③主観によって左右されない―〈理由〉〈客観性〉があるから

3【主張】

近代科学……機械論的、力学的に選び取られた現実だけを捉えているにすぎない

ヒント

本文では、物事の〈普遍性〉〈論理性〉〈客観性〉を重視した近代科学の考え方を問題視し、それに対して何らかの主張をしようとしています。これは、論説文によくあるパターンです。覚えておくと、筆者が問題視している状況と、それに対する主張を読み取りやすくなります。

演繹・帰納・アブダクション

POINT

●何かを論じる方法の型として、演繹法、帰納法という二つの型がある。それぞれ、次の図に示すような方法である。

〈演繹法〉
一般的な考えや個人の考えを具体的な事例にあてはめて解釈する方法

一般的な考え・個人の考え
↓　↓　↓
具体　具体　具体

〈帰納法〉
いくつかの具体的な事例から新たな考えを導き出す方法

具体　具体　具体
AはPだ　BはPだ　CはPだ
↓　↓　↓
新たな考え
（きっと）すべてPだ

●帰納法と似た方法として、アブダクションがある。アブダクションは、数少ない具体的な事例から飛躍して、「こう考えればうまく説明がつく」という仮説を新たな考えとして導く型である。

〈アブダクション〉
目の前の具体的な事例をうまく説明できる仮説を導く方法

具体
Pと考えればうまく説明がつく
↓
新たな考え（仮説）
（きっと）Pだ

●実際の文章では、これらの型が組みあわされることもある。

例 アブダクションで導いた仮説を、演繹法で他の事例にあてはめる。

練習問題

1 じつは、私たち日本人自身、何のために、この正月元旦の初詣にお参りするのかはっきりしない。私自身も長い間考えていた。その結果、いくつかの古社寺の新年の行事を通してひとつの答えが浮かび上がってきた。

2 一例をあげると、大和の三輪山《みわやま》をご神体とする、日本最古といってもいい大神《おおみわ》神社がある。ここでは、大晦日《おおみそか》の深夜午前零時を期して、あらゆる灯火を消して真の闇《やみ》とする。そのなかで、木をすり合わせて、火を創り出し、その火種を大松明《たいまつ》に移す。氏子《うじこ》（その神をまつる地域の住人）の家々からは、一家の長が、この火を一年間の竈《かまど》の火種にするために貰いに詣でるのである。

3 同じような例に、京都、祇園《ぎおん》さん（八坂神社の別名）のおけら詣《まい》りという年初の行事がある。ここでも神官は大晦日から元旦にかけ、新しい鑽火《きりび》（木を使って発火させた火）を切り出して、かがり

問一　傍線部「ひとつの答え」とあるが、筆者はどういうことを「答え」として見いだしたのか。本文中の言葉を使って、三十字以内で書け。［10点］

問二　7・8段落の役割として適切なものを、次から選べ。［5点］

ア．筆者が6段落で導き出した考えをもとに、具体的にプロメテウスの神話にあてはめて解釈しようとしている。

イ．6段落で導き出した筆者の考えについて、どうしてそのようなことが起きているのかを説明できる仮説を示している。

ウ．2～5段落で挙げられている三つの事例に加えて、さらに四つ目の事例を挙げることで説得力を高めている。

取組日　／

得点　／20

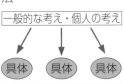

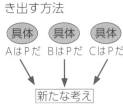

火をたいて、京の人々は、その年の火種にするため、火縄に火を移し、消えないように、くるくる廻《まわ》しながら家に持ち帰るのである。

[4] もうひとつ印象深いのは、藤沢にある時宗本山遊行寺《じしゅうほんざんゆぎょうじ》で年末に行われる歳末別時念仏会《さいまつべつじねんぶつかい》の御滅灯《ごめっとう》、一つ火の行事である。この日、仏事は夕方から行われる。中央に並べられた蠟燭《ろうそく》を囲むようにして両側で**役僧**（行事を補助する僧）たちが念仏を称《とな》えつづける。

[5] やがて時満つると、本堂＝道場の灯火はすべて吹き消され真暗闇となる。天井近く簡単な櫓《やぐら》が組まれている。ここで僧がただ一打ちで火を切り出すのである。二度打ちは許されず、失敗したら雪の夜へ追放されたという。命がけの一打ちでカチという音とともに小さな火種が闇にほの白い**隈**《くま》（色の濃くなっている部分）をつくり出す。火は付木《つけぎ》に移され大**火灯**《かとう》（灯火をともす陶器の器具）にともされ、やがて蠟燭の火がふたたび明るくなると、集った信者に付木がくばられるのである。

[6] さて、この三つの例は、たまたま、古代、平安、鎌倉時代を通じて大晦日から元旦に移る一瞬の闇と切り火という一点で共通している。どうやら、初詣は、この切り火を戴《いただ》きに詣るのが、その原型にあったのではあるまいか。

[7] 真の闇にすることで、すべての物の存在は型も名前も失い、原始の混沌《こんとん》に還る。そのなかで「火」を創造すると天地が生まれ宇宙が生じる。火を盗んだ**プロメテウス**（天界の火を盗み人類に与えたとされるギリシア神話の男神）の神話をあげると唐突にきこえるが、火は人間と世界との関係を産み出したものであった。つまり**カオス**（混沌）の闇から灯火により始めて**コスモス**（秩序立てられた宇宙）が創造されるのである。

[8] この儀礼にこめられた意味が、私たちの太古からの記憶となり、初詣へとかりたてるのではないだろうか。

（栗田勇『日本の心を旅する』春秋社 より。問題作成の都合上、一部省略あり）

問三　本文の内容に合致しないものを、次から一つ選べ。［5点］

ア．大神神社の行事と京都のおけら詣りとは、大晦日から元旦にかけての行事である点、闇と切り火が関係している点で共通している。

イ．時宗本山遊行寺の一つ火の行事で本堂＝道場の灯火がすべて吹き消されるのは、火を創造する前段階の闇の状態を創り出していると言える。

ウ．古代、平安、鎌倉時代を通じて、日本人は闇を恐れ、だからこそ火を産み出してそこに世界との関係を創ってきたと言える。

図で整理

[1]【問題提起】何のために初詣にお参りするのか？

[2] 具体1 大神神社の行事

[3] 具体2 おけら詣り

[4]・[5] 具体3 一つ火の行事

〈帰納〉

[6]【新たな考え】大晦日から元旦に移る一瞬の闇と切り火という点で共通しており、（きっとすべての）初詣の原型は切り火を戴きに詣ることなのである。

〈アブダクション〉

[7]・[8]と考えたら、なぜ初詣で切り火を戴きに詣るかが説明できる

[7]・[8]【新たな考え（仮説）】真の闇から火が人間と世界との関係を産み出すものだという太古からの記憶が、私たちを初詣へとかりたてる。

ヒント

すべての文章で演繹法、帰納法、アブダクションが使われているわけではありません。ただ、これらを頭に置いておけば、これらの型で書かれた文章に出あったときに読み取りやすくなります。

科学・文学と日常生活とのかかわり ①

第9回から第11回は、6つの段落からなるひと続きの文章です。（この回は、1〜3段落）

1 文学的な経験と科学的な経験の性質を区別することは、それぞれの典型的な例については、あまり困難な仕事ではない。

2 科学は具体的な経験の一面を抽象し、抽象化された経験は、他の同類の経験と関係づけられて分類される。このように抽象化され、分類された経験は、原則として、一定の条件のもとでくり返されるはずのものである。したがって科学は、法則の①普遍性について語ることができるのである。たとえば一個の具体的なレモンは、その質量・容積・位置・運動等に還元されることによって、（その他の性質、たとえば色や味や産地や値段を*捨象《しゃしょう》されることによって）、力学の対象となり、またその効用や生産費や小売価格などに還元されることによって、（その他の性質、たとえば位置や運動量などを捨象されることによって）、経済学の対象となる。力学や経済学は、具体的なレモンについてではなく、②抽象化された対象について、その対象が従う法則をしらべるのである。

3 文学は具体的な経験の具体性を強調する。具体的な経験は、分類されることができない、またけっしてそのまくり返されることもない。分類の不可能な、一回かぎりの具体的な経験が、文学の典型的な対象である。梶井《かじい》基《もと》次郎《じろう》の「レモン」の経験は、その色、その肌触《はだざわ》り、その手に感じられる重みのすべてにかかり、それを同じ質量の石によって換えることもできないし、それを同じ値段の他のレモンで換えることもできない。彼が必要としたのは、レモン一般ではなくて、いわんや固体一般でも、商品一般でもなくて、③そのレモンである。そしてその日、そのところで、そのレモンによる経験は、たとえ同じレモンによっても、別の日、別のところで、ふたたび経験されることのないものである。すなわちその経験に関して、法則をつくることができないのは、いうまでもない。そのレモンのそのレモンたる所以《ゆえん》にもとづく経験——具体的で特殊な一回かぎりの経験は、科学の対象にはならない。④まさに科学が成りたたぬところにおいて、文学が成りたつのである。文学の表現する経験は、科学の扱う対象から、概念上、はっきりと区別することができる。

＊捨象…事物または表象からある要素・側面・性質を抽象するとき、他の要素・側面・性質を度外視すること。

本文の展開

空欄に入る語句を本文から抜き出せ。（［　］は一語、［　］は指定字数で）

1 主張

文学的な経験と科学的な経験の性質を区別することは難しくない。

▼

2 具体例

科学は具体的な経験の一面を A［　　］し、その他の面を B［　　］することで、その対象が従う法則をしらべる。

▼

3 具体例➡主張の確認

一方、文学は C［　　　　　　　　　　　　　　　］（15字）を対象とする。だから、文学的な経験と科学的な経験とははっきり区別できる。

取組日 ／

得点 ／30

問一　1段落の一文と同じ内容を述べている一文を、2・3段落から探して、初めの五字を抜き出せ。
▼6・7　主張・理由・具体例［5点］

問二　傍線部①「普遍」の対義語を、3段落から二字で抜き出せ。
▼4　対比・類比［4点］

問三　傍線部②について、「対象が従う法則をしらべる」ことができるのはなぜか。次の文の空欄にあてはまる語句を、1～3段落から十五字以内で抜き出せ。
▼5　原因・結果［5点］

抽象化された対象は、［　　　　　　　　　　　　　　　］と考えられるから。

問四　傍線部③において、「その」と傍点を打つことで強調したいのはどのようなことか。書き出しの言葉に続けて、本文中の言葉を使って三十字以内で説明せよ。
▼2・3　具体・抽象［10点］

梶井基次郎が必要としたのは、

問五　傍線部④「まさに科学が成りたたぬところにおいて、文学が成りたつのである」とあるが、なぜか。適切なものを、次から選べ。
▼6・7　主張・理由・具体例［6点］

ア．文学は経験の抽象化にかかわるものであって、法則化された普遍的な科学とはまったく無関係なものであるから。
イ．文学にとって重要なのは経験の個別性、特殊性であり、それは科学的抽象化、法則化とは相反《あいはん》するものであるから。
ウ．文学的立場からは、この世に同じレモンは存在しないが、科学的見地からは、すべてのレモンは同じレモンであるから。
エ．文学が経験の法則化を通じて追求する人生の真の姿は、科学によっては探究することの不可能な世界であるから。

コラム mini

梶井基次郎の代表作である『檸檬《れもん》』は、書店（丸善）で画集の上にレモンを置いてみた主人公の「私」が、そのレモンを爆弾に見立てて爆発するのを想像するという作品です。そこには、病弱な身や借金からくる「私」の鬱屈《うっくつ》した心理が投影されています。また、それは梶井自身の不安定な心のあらわれでもありました。その意味で、梶井の「レモン」の経験は、具体的で特殊な一回かぎりの経験であるとともに、このあと第11回の6段落でも述べられているように、人生の全体にかかる経験でもあったのです。

ヒント

問二で問われている傍線部①「普遍」は、〈いつでも、どこでも、誰にでも成りたつこと〉を意味します。つまり、時代や地域、個人の違いを超えているということです。そのように意味を押さえていれば、対比される語は特定のものに限定されるという意味だと類推できますね。第4回で学習した「対比」を、語のレベルでも意識しましょう。

科学・文学と日常生活とのかかわり ②

第9回から第11回は、6つの段落からなるひと続きの文章です。（この回は、4・5段落）

4 しかし①文学を、科学から区別するのと同じやり方で、日常生活から区別することは困難であろう。日常生活の経験は、文学的な面をふくむと同時に、また科学的な面もふくむ。日常生活における経験は、文学の出発点ともなり得るし、また科学の出発点ともなり得る。八百屋でレモンを買う主婦は、多かれ少なかれレモンを商品としての、また食品としての一面からみて、そのレモンの②他の性質を無視するであろう。またそうするからこそ、主婦の経験は蓄積され、法則化され、上等のレモンを安く買う買物上手にもなり得るのである。③梶井基次郎流のレモンの経験は、主婦を買物上手にはしない。もっと一般化していえば、およそ社会生活を営む上に必要な知識を、主婦にあたえない。しかしそういう実用的な知識を必要としない子供は（家計をあずかっているのは主婦で、子供ではない）、母親が台所においたレモンをみて、その光沢に惹《ひ》かれ、手にとってみてその冷たい肌触りに、ながく忘れることのない感覚的なよろこびを感じるかもしれない。その感覚はそのとき限りのものである（あるいはその後何年か経ったのち、たとえば一人の女のひざにふれたとき、にわかにその感覚がまざまざとよみがえるといったようなものであろう）。古来詩人の心をもって童心にたとえたのには、理由がある。しかしその理由は、子供の心が純真無垢《じゅんしんむく》だからではない（純真素朴な農夫が都会人の空想であるように、純真無垢な子供は成人の空想にすぎないだろう）。そうではなくて、子供は社会に対して無責任だからである。責任がないから、その経験を積み重ねて、法則を見いだす必要もない。したがって経験を分類し、分類するために抽象化する必要も少ないだろう。すなわち具体的経験をその具体性においてとらえることができる。もし主婦の買うレモンが経済学者の対象にちかいとすれば、子供のレモンは、梶井基次郎のレモンに似ているのである。

5 総じて経験の抽象化の程度という点からみれば、日常生活の経験は、一方で文学的経験と連続し、他方で科学的経験に連続している。別のことばでいえば、経験の抽象化の軸によって、一方の極端である文学的経験を、他方の極端である科学的経験から区別することは容易だが、その中間の日常的経験から区別することは困難だということになる。

本文の展開

空欄に入る語句を指定字数で本文から抜き出せ。

4 新たな主張➡理由➡具体例

【主張】文学を日常生活から区別するのは困難である。

←

【理由】日常生活の経験は、[A]（25字）から。

←

【具体例】主婦の買い物の経験は蓄積され、法則化される。一方、子供は具体的経験をその具体性においてとらえる。

▼

5 主張の確認

日常生活の経験は、[B]（6字）という点で文学的経験とも科学的経験とも連続する。つまり、文学的経験を日常的経験から区別することは困難である。

取組日　／

得点　／30

問一　傍線部①と対比的に使われている一文を、[1]〜[3]段落（第9回）から探して、冒頭の五字を抜き出せ。
▼4　対比・類比［4点］

問二　傍線部②「他の性質を無視する」ことを意味する漢字二字の語を、[1]〜[3]段落（第9回）から探して抜き出せ。
▼2・3　具体・抽象［3点］

問三　本文において、「主婦のレモンの経験」と「子供のレモンの経験」は、それぞれどのようなことの具体例として示されているか。次の空欄にあてはまるように、それぞれ二十字以内で説明せよ。
▼2・3　具体・抽象［各7点］

Ⅰ．主婦のレモン＝　　　　　を示す具体例

Ⅱ．子供のレモン＝　　　　　を示す具体例

問四　傍線部③「梶井基次郎流のレモンの経験は、主婦を買物上手にはしない」とあるが、なぜか。適切なものを、次から選べ。
▼6・7　主張・理由・具体例［5点］

ア．一回かぎりの経験にすぎない梶井基次郎流のレモンの経験は、直観的な感覚による駆け引きが求められる主婦には必要ないから。
イ．梶井基次郎流のレモンの経験は味覚と関係のないものであるので、食品としてレモンを見る主婦には参考にならないから。
ウ．無責任な詩人の心を持っていた梶井基次郎流のレモンの経験は、家計をあずかる主婦にとって実用的なものではないから。
エ．具体的で特殊な一回かぎりの梶井基次郎流のレモンの経験は、経験の蓄積による法則化が大切な主婦の買物に役立たないから。

問五　[1]〜[5]段落（第9・10回）の内容に合致するものを、次から選べ。
▼2・3　具体・抽象［4点］

ア．力学も経済学もレモンを商品として扱わない点に共通性がある。
イ．子供はレモンの肌触りに感覚的な喜びを感じる点で詩人である。
ウ．文学は一回かぎりの経験を対象とするが、科学はそうではない。
エ．梶井基次郎のレモンの特徴は、色、肌触り、重みにある。

ヒント

問一　助詞の「は」には、他と区別する働きがあります。たとえば、「今日は勝った」と言った場合、〈先日は負けたけれども〉という意味が含まれています。助詞の「は」が出てきたら、何と区別しているのかを意識して本文を読みましょう。

科学・文学と日常生活とのかかわり ③

取組日　／

得点　／30

第9回から第11回は、6つの段落からなるひと続きの文章です。（この回は、6段落）

6 それならば主婦が経済学者でなく、子供が詩人でないのは、単に①程度のちがいにすぎないだろうか。しかしすべての科学は、個別的な経験を、その科学の対象とする領域の全体と関連させて意味づける。科学は一個の経験を意味づけるときに、世界の全体を意味づけるのである。ところが日常生活は、一個の経験を意味づけるときに、類似の経験と関連はさせるが、すべての可能な経験と関連させるのではない。主婦のレモンも、学者のレモンも、抽象化された対象にはちがいないが、その抽象化された対象が、商品流通の世界の全体に組み入れられるか、組み入れられぬか、というちがいはのこるだろう。そのちがいは、程度のちがいではなくて、質のちがいである。子供は、梶井基次郎と同じように、一個のレモンを手にしたときの具体的経験を、具体的なものとしてうけとるかもしれない。しかしそのことと、その子供の世界の全体に対する態度とは別の問題である。梶井基次郎の「レモン」の場合には、別の問題ではない。文学的経験は、単に具体的な、一回かぎりの経験なのではなく、それを通して当事者の人生の全体、つまりその人の世界の全体に対する態度が現れざるをえないような経験である。梶井はなぜ「レモン」の経験の一回性に執着するか。それは人生そのものが一回かぎりだからである。なぜ「レモン」の経験の具体性と特殊性に執着するか。それは人格そのものが具体的で特殊なものだからである。梶井の「レモン」は、梶井の人生の一回性とその人格の具体的特殊性とをふくむ、つまるところ梶井の世界の全体をふくむのである。文学的経験は、その意味で、日常的経験とは質的にちがう。②科学も、文学も、世界の全体にかかるものである。日常生活は、世界の部分にかかるものである。

（大学入試センター試験追試・改題／加藤周一『文学とは何か』角川書店 より）

本文の展開

空欄に入る語句を本文から抜き出せ。

6 新たな問題提起→具体例→結論

【新たな問題提起】

日常的経験と文学的経験・科学的経験の違いは、Ⓐ［　　］の程度の問題にすぎないのか。

↓

【具体例】

科学は個別的な経験を全体と関連させて意味づけるが、主婦の買い物の経験は世界の全体に組み入れられることはない。同様に、文学は個別的な経験を通してその人の世界の全体にかかるが、子供の経験は単に一回かぎりの経験として終わる。

↓

【結論】

日常的経験と文学的経験・科学的経験とは抽象化の質の点で異なる。科学と文学は世界のⒷ［　　］にかかり、日常生活は世界のⒸ［　　］にかかる。

問一　傍線部①「程度」と対比されている語を、6段落から抜き出せ。▼4 対比・類比［4点］

問二(1)　1～6段落（第9～11回）の内容をふまえて下の図を作成したとき、❶～❹の位置には、
ア.「主婦のレモン」、
イ.「子供のレモン」、
ウ.「科学者のレモン」、
エ.「梶井基次郎のレモン」
のうちどれが入るか。それぞれ記号を一つずつあてはめて答えよ。
▼4 対比・類比［❶～❹完答で4点］

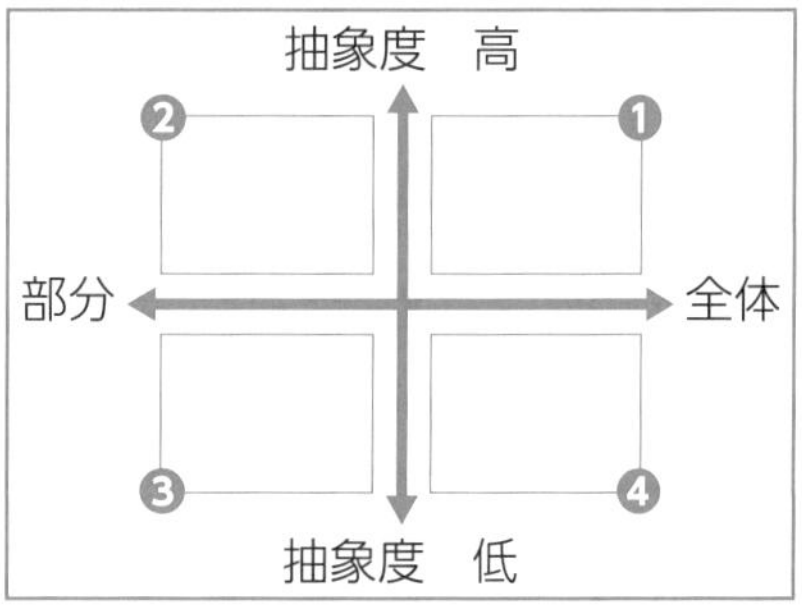

(2)　(1)の表を見ながら、「主婦のレモン」と「子供のレモン」の共通点・相違点を合わせて六十字以内で説明せよ。
▼4 対比・類比［10点］

問三　傍線部②と言えるのはなぜか。適切なものを、次から選べ。
▼6・7 主張・理由・具体例［6点］

ア. 文学者と科学者の違いは両者の個人的な経験の質的な違いによるものであるが、科学における世界全体の抽象化と、文学における一回かぎりの特殊性が人生全体をあらわしているのは同じだから。
イ. 主婦のレモンも、子供のレモンも、抽象化された対象として、科学的な世界の全体に組み入れられるものであり、それは文学に描かれた対象が、具体的特殊性に即しながらも人生全体を表現しているのと同じだから。
ウ. 主婦や子供の日常的経験は、かぎられた類似の経験とのみ関連するのに対し、科学では抽象化された対象が世界の全体に組み入れられ、文学では具体的で特殊な経験が世界の全体にかかっていくから。
エ. 文学者は、主婦や子供と同じように、具体的な経験を特殊なものとしてうけとめているが、そうした日常性の次元にとどまらず、科学者と同様に経験の抽象化によって世界の全体にかかわっていくから。

問四　1～6段落（第9～11回）全体の趣旨に合致しないものを、次から一つ選べ。
▼1 問題意識［6点］

ア.「主婦のレモン」と「学者のレモン」はまったく似ていない。
イ.「そのレモン」と「梶井基次郎のレモン」は同じである。
ウ.「主婦のレモン」と「子供のレモン」とはある点で似ている。
エ.「子供のレモン」と「梶井基次郎のレモン」とはある点で似ている。

ヒント

あらためて1～3段落、4・5段落、6段落の論の展開を見ていくと、【主張（問題提起）→具体例】という説明をくり返すことで論を深めていることがわかります。それを追っていった結果、本文の趣旨として読み取ることができるのが問二(1)の図ですし、以降の問題も解けます。主張と具体例の関係を意識しながら本文を読むようにしてください。

身体と物体はどう違うのか ①

第12回から第14回は、16の段落からなるひと続きの文章です。（この回は、1〜6段落）

1 身体の独自性について不用意に答えるならば、次のような答えが返ってくるかもしれない。——①私の身体は私の意志に従う。しかし自分の身体以外の物体はそうではない。私は自由に手を動かすことができる。しかし、目の前の机や本はそうではない。

2 だが、②「私の身体は私の意志に従う」とは意味不明でしかない。いったい、身体が何に従うというのだろうか。*アンスコムは、こうした常識的見解を次のようにきわめて鋭く批判している。

3 意志の作用によって腕を動かすことはできるがマッチ箱を動かすことはできない、と言われることがある。だが、もしその発言で「マッチ箱は動かない」ということを意味しているのならば、答えはこうだ。「マッチ箱を動かそうと意志したのと同じように、腕を動かそうと意志しても、腕もやはり動きはしない」。あるいはその発言で「私は腕を動かすことはできるが、マッチ箱を動かすことはできない」ということを意味しているのならば、答えはこうなる。「私はマッチ箱を動かすこともできる。——こんな簡単なことはない」

4 意志することが何かを念じることだとするならば、もちろん、念力でもないかぎり「マッチ箱を動かそう」と念じただけでマッチ箱は動きはしない。しかし、まったく同様に、腕を見つめて「腕よ動け！」といくら念じても、私の腕はぴくりとも動かないのである。他方、実際に腕を動かしてみせるというのならば、私はマッチ箱のことも動かしてみせる。机の右？　よろしい。左？　造作もない。マッチ箱はまさに私の「意のままに」動くのである。

5 もちろん、私の意のままには動かないものも多くある。たとえば私は［❶］を動かすことはできない。しかし、私は［❷］を動かすこともできはしない。身体の多くの部分もまた、私の意のままにはならないだろう。

6 「意のままになる」という観点から見たときに、いったい私の身体と身体ならざるものたちとはどう違うのか。それは一見してそう思われるのに反して、実はいささかも違いはしないのである。

*アンスコム…イギリスの哲学者（一九一九―二〇〇一）。

本文の展開

空欄に入る語句を指定字数で本文から抜き出せ。

1 **問題提起**
身体の独自性について、常識的には［Ⓐ　12字］と捉えられがちだが、よく考えると疑問が生じる。

2・3 **具体例（引用）**
アンスコムによる、［Ⓐ　12字］という常識的見解に対する批判。

4 **理由（引用の解釈）**
念じるだけでは物体も私の身体も動かないし、逆に、動かしてみせるというのならばどちらも「［Ⓑ　5字］」動かすことができる。

5 **譲歩**
意のままには動かない物体も多いが、身体の多くの部分もまた、私の意のままにはならない。

6 **主張**
常識的な見解に反して、「［Ⓑ　5字］なる」という観点からは、私の身体と身体ならざるものは違わない。

取組日　／

得点　／30

問一　傍線部①「私の身体は私の意志に従う」が筆者の考えとは異なることを示唆《しさ》する表現を、[1]〜[6]段落からそれぞれ四字以内で三つ抜き出せ。　▼4 対比・類比［各2点］

問二　[3]段落で引用されているアンスコムの批判を二点、「物体も身体も、どちらも」という書き出しに続けて、それぞれ二十字以内で説明せよ。　▼8 演繹・帰納・アブダクション［各7点］

Ⅰ．物体も身体も、どちらも

Ⅱ．物体も身体も、どちらも

問三　空欄❶❷に入る語として適切なものを、それぞれ次から選べ。　▼4 対比・類比［各2点］

ア．自分の耳　　イ．東京タワー

ウ．自分の足　　エ．鉛筆

❶　❷

問四　傍線部②「『私の身体は私の意志に従う』とは意味不明でしかない」とあるが、なぜか。適切なものを、次から選べ。　▼6・7 主張・理由・具体例［6点］

ア．たとえ私の身体であっても、頭の中で動かそうと意志するだけでは動かず、胃などのように意志の自由にならない部分もあり、単純に自分の身体が自分の意志に従うとは言えないから。

イ．意志することは何かを念じるということであり、念じることによって身体のみならずマッチ箱などを動かすことができるとしても、それは特別な場合であり、普遍化することはできないから。

ウ．マッチ箱を動かす身体動作において、私は私の意志で腕を動かし、その結果、造作もなくマッチ箱を動かすこともできるが、そうしたことは普段我々が一般的に行っているあまりにも普通のことだから。

エ．マッチ箱を動かす場合などは、私の身体は私の意志に従うと言っていいのだが、どんなに私の身体を使ったとしても、たとえば巨大な建造物のように私の意のままには動かないものも多くあるから。

コラム mini

私は私の身体なくしては存在しえません。しかし、私の身体は私の「意のままに」ならず、むしろ異物として立ち現れることがあります。熱が出て寝込んでいるとき、身体が重くて自分の身体ではないように感じるなどというのがその一例です。こうした身体の不思議さを、自分で観察してみましょう。

ヒント

問一では筆者の考えとは異なることを示唆する表現を探してもらいましたが、逆に、今から主張を述べることを予告する表現もあります。たとえば最後の一文にある「実は」です。こうした言葉に着目しながら読み進めていって、筆者の言いたいことを確実に捉えましょう。

身体と物体はどう違うのか ②

第12回から第14回は、16の段落からなるひと続きの文章です。（この回は、7〜12段落）

7 アンスコムのこの指摘は、「意志作用」なるものの空虚さをみごとに示している。だが、それでもなお、身体とマッチ箱がまったく同等に扱われてしまうならば、それもまた誤りと言わざるをえない。身体とマッチ箱とはどこか異なる身分をもっているはずである。

8 ①では、それは何か。

9 われわれがアンスコムの議論に感じる最大の「ずるさ」は、彼女がマッチ箱を動かしてみせるところにある。アンスコムは目の前のマッチ箱を無造作につまんでひょいと動かす。そして彼女は言う、"nothing easier!"——しかし、「つまんで動かす」というのはインチキではないだろうか。いや、別にインチキではないが、まさにここにポイントがある。

10 私はマッチ箱を動かすこと〈において〉私の腕や指を動かしている。すべての意図的行為は、そこにおいてなんらかの身体動作を含んでいる。私は、この点に身体動作の独自性を見いだす。

11 私が何かを意図し、その意図の実現について考慮し、調整・制御している場面では、むしろ身体動作は意識されないだろう。私はけっしてまず身体動作を制御し、それによって歩いたり自転車に乗ったりするのではない。私は周囲のようすに意識を向けながら、歩調を変えたりハンドルを切ったりする。②そこではむしろ身体動作は「透明化」している。

12 これに関連して興味深いのが「熟達」ということである。たとえば、「変化球を投げる」という事例を考えてみよう。初心者は、まずボールの握り方、手首のひねり方、投球のフォーム等々を分解して教わり、それらをいちいち意図的になぞりながら、全体として変化球の投球を試みるだろう。そのような場合には、その人はかくかくにボールを握り、しかじかに手首をひねり等々をなすことによって、変化球を投げる。しかし、この「によって」関係は初心者を記述する仕方であり、熟達者はもはやそのように記述されるべきではない。熟達者は端的に「変化球を投げる」のであり、そのとき自分がどのようにボールを握り、どのようにひねっているのかはむしろ自覚されないだろう。しかしもちろん、彼は変化球を投げることにおいて、特定の仕方でボールを握り、手首をひねっているのである。このように、初心者を記述する場合と熟達者を記述する場合とでは、その記述の仕方は異なり、そのもっとも大きな違いは、③「によって」の関係から「において」の関係へと移行する点にある。

本文の展開

空欄に入る語句を本文から抜き出せ。［　］は一語、［　］は指定字数で

7・8 問題提起
身体とマッチ箱とで異なる身分とは何か。

▼

9・10 主張
すべての意図的行為はそこにおいてなんらかの［A］を含んでいることに、［A］の独自性がある。

▼

11 主張の補足
意図的行為において身体動作は意識されない。

▼

12 具体例
初心者は身体動作を意識しながら変化球を投げるが、熟達者は意識しない。それは、［B］［21字］の移行と捉えられる。

取組日　／

得点　／30

問一　傍線部①で立てられた問いに対する筆者の答えが端的に述べられている一文を本文中から探して、冒頭の五字を抜き出せ。▼1　問題意識［5点］

問二　傍線部②「そこではむしろ身体動作は『透明化』している」とあるが、それはどういうことか。その説明として適切なものを、次から選べ。▼4　対比・類比［5点］

ア．たとえば野球の初心者の例のように、人間が何かを意図し、その意図の実現のために身体動作を調整・制御しようとするとき、身体が強く意識されるということ。

イ．人間は歩いたり自転車に乗ったりするとき、同時に別の動作を試みることがあるが、その別の動作は常に意識的に調整・制御されるということ。

ウ．人間が何かをしようと思ってその意図を身体動作に移す場合、その動き自体は外から見えるが、動作の根本にある人間の意図は目に見えないということ。

エ．何かをしようと意図して身体を動かす場合でも、その意図の実現のために自分自身の身体を動かすことについてはさほど意識されないということ。

問三　12段落で示された「熟達者」の変化球の投げ方を、「熟達者は、」という書き出しに続けて、11段落の言葉を使って二十字以内で説明せよ。▼2・3　具体・抽象［15点］

熟達者は、

。

問四　傍線部③「『によって』の関係から『において』の関係へと移行する」とあるが、その具体例として不適切なものを、次から一つ選べ。▼2・3　具体・抽象［5点］

ア．料理の経験のない人が、包丁を扱うときは、危険のないように意識しつつ切るが、熟達した料理人になると、手の一部のように包丁を使うようになる。

イ．水泳を習い始めた人は、自分の腕や足を教えられた通り動かそうとするが、泳ぎなれると、さほど手足の動きを気にせずに泳ぐようになる。

ウ．車の運転歴が短い人は、標識や対向車の動きなど、さまざまなことに一度に気を配ろうとするが、運転歴が長くなると、さほど意識せずにそれらの情報を得つつ運転できる。

エ．ジョギングを始めたばかりの人は、運動後に筋肉の凝りや疲労を強く感じるが、毎日走り続けると、しだいにそれを意識しなくなる。

ヒント

問二では、「むしろ」という表現に着目してください。二つのものを比較して、あちらよりもこちらの方が適当だということを表す言葉です。この問題では、「透明化」という比喩表現の意味が問われていますが、何と比較されているのかを考えると、問三や問四で問われていることと連動していることに気づくはずです。

身体と物体はどう違うのか ③

第12回から第14回は、16の段落からなるひと続きの文章です。（この回は、13〜16段落）

13 そして、「において」の関係に移行するということは、広い意味においてそれが身体性を帯びることであると言えるだろう。それゆえ、熟達の度合いが増せば増すほど、一般に身体は延長されていくのである。逆に、熟達の度合いが減少すれば、身体はふだんのこの五体よりも縮小されることになる。リハビリテーションの場面などはそうしたケースにほかならない。

14 ①身体の独自性は、なによりもまずそれが意図的行為において透明であるという点に存している。身体動作そのものが意図的になされる場合、たとえばリハビリテーションにおいて意図的に腕を上げるような場合には、なるほど身体動作が意識的になされ、ふだん透明なその姿が不透明に現れてくるだろう。しかし、身体はそうして姿を現すことによって、かえってマッチ箱と同じ身分になる。リハビリテーションにおいて私は、マッチ箱を動かすようにして、いや、マッチ箱よりも意のままにならないものとして、この腕をもち上げるのである。

15 だが、透明なものとして控えているというだけでは、行為における身体の重要性はまだ浮かび上がってこない。ここで、行為における身体のあり方に重要な光を当てるもうひとつのポイントが、「責任」という観点である。

16 ②「責任」の名のもとに、透明であった身体はその姿を浮上させるのである。私が友人に挨拶《あいさつ》しようとしてタクシーを停《と》めてしまったという場面を考えよう。私は友人に挨拶すること〈において〉手を上げた。そして手を上げること〈によって〉タクシーに合図をした。そしてその結果、私は意図せずして停めてしまったタクシーの運転手にわびる。ということは、すべての意図的行為には身体動作が含まれているのであるから、さらにその身体動作から生成される行為はすべて私の責任の範囲ということになる。虫を追い払おうとして私は腕を振る。そして腕を振ったことによって隣の人をぶってしまったならば、私はそれに責任をとらなければならない。意図的行為において身体動作がなされ、その身体動作が意図せぬ結果を引き起こすとき、この「において」の関係と「によって」の関係の折り返し点として、身体は不透明化するだろう。しかも、③この不透明化の仕方は初心者やリハビリテーションの場合の不透明化とはまったく異なっている。こうして、多くの責任が身体動作を経由して発生し、「において」の行為生成の方向が「によって」の方向へと折り返す独特な地点として、透明化していた身体が立ち現れる。われわれは、まさに「身体を張って」行為するのである。

（大学入試センター試験追試・改題／野矢茂樹『哲学・航海日誌Ⅱ』中公文庫　より）

本文の展開

空欄に入る語句を本文から抜き出せ。

（［　］は一語、［　］は指定字数で）

13 具体例（12）の補足説明

「において」の関係への移行は、身体性を帯びることを意味する。

▼

14 主張（9・10）の再確認

身体の独自性は Ⓐ［　　　　　　　　　　　　　　］（14字）という点にある。

▼

15 新たな主張

透明な身体は Ⓑ［　　］において立ち現れる。

▼

16 具体例➡結論

意図的行為においてなされた身体動作が意図せぬ結果を引き起こすとき、「において」の関係から「によって」の関係の折り返し点として、透明化していた身体は立ち現れる。

取組日　／

得点　／30

問一　傍線部①について、次の問いに答えよ。

(1) 傍線部①と同じ内容を、ひと続きの二つの文で述べている部分を、7～12段落（第13回）から探して、冒頭の五字を抜き出せ。

▼1　問題意識［6点］

(2) 「なによりもまず」と呼応している語句を、13～16段落から探して、冒頭の五字を抜き出せ。

▼1　問題意識［6点］

問二　傍線部②「『責任』の名のもとに、透明であった身体はその姿を浮上させるのである」とあるが、それはどういうことか。その説明として適切なものを、次から選べ。

▼2・3　具体・抽象［6点］

ア．自分の身体の透明化は、無意識の行為においてのみ生じるものなので、その行為者である自分が責任を自覚する意図的な行為においては、身体は常に不透明な姿で現れるということ。

イ．自分の行為における動作が意図せぬ結果を引き起こした場合、自分に責任はないが、他人から見れば責任があるので、自分の意志の有無とは無関係に身体が意識されるようになるということ。

ウ．自分の身体動作において、自分がその動作の意図をはっきりと意識している場合には、その動作をなすことの意義や責任といったものが明らかになり、その意味で身体が姿を現すということ。

エ．自分の行為における動作が意図せぬ結果を引き起こして、他人に影響を及ぼした場合、その結果を招いた要因として自分の身体動作が意識され、その自覚を通して身体がはっきり姿を現すということ。

問三　傍線部③について、「この不透明化の仕方」は「初心者やリハビリテーションの場合の不透明化」の仕方とどのように異なるか。その答えである次の文の空欄❶❷に入る適切な内容を、それぞれ十五字以内で答えよ。

▼4　対比・類比［各6点］

「初心者やリハビリテーションの場合の不透明化」は ❶ ことで生じるが、「この不透明化の仕方」では ❷ ことで不透明化が生じる。

ヒント

問二は、どれも正しそうに思えますが、問三で「この不透明化の仕方」を整理した後で再検討すると、無理なく選べるでしょう。選択問題ではあらかじめ答えを用意しておくことが、選択肢に振り回されないコツです。また、傍線部の箇所では意味がよくわからなくても、先を読み進めることで、見えてくることがあります。独りよがりに解釈する（そして読み間違える）のではなく、疑問点を意識しながら先を読んでいってください。

15 応用

ゴジラが踏み荒したものは何か ①

第15回から第16回は、7つの段落からなるひと続きの文章です。（この回は、1〜3段落）

1 ゴジラが東京に帰ってくる。*1三〇年ぶりに、巨大になって。この三〇年ほどの間に、ゴジラの方に起きた変化といえば、ほとんどサイズの問題に限られている。他の部分では、ゴジラはあい変わらず昔どおりの巨大爬虫《はちゅう》類だ。だが、この怪獣を迎え入れ、破壊の場を提供する東京という都市の方には、大きな変化が起きた。巨大になったことは確かだ。けれどもっと重要なのは、そこに起こり、いまも起きつつある、①質的な変化の方なのである。

2 そのために、たとえゴジラが昔と同じ気分で東京湾に姿を見せたとしても、西の空に光をはなつテクノポリス《高度技術集積都市》には、もはやかつてゴジラが荒々しく踏み荒していったような主題は、ほとんど残されていない。三〇年ぶりのゴジラは、かつての東京がかかえていたモダンな主題群が解体したあとの廃墟に、たちもどってこなければならないのだ。そういうゴジラに、いまどき何が破壊できると言うのだろうか。いまさらゴジラが出現したところで、毎日毎日の暮しのなかで、たえず消耗と解体を体験しつづけている私たちの現実に、新しい何かをもたらすことなどができるのだろうか。ノスタルジー？　そんなもの、今さら。だったら、いったい何が？

3 ②三〇年前にはじめて出現したゴジラは明らかに核兵器の屈折したメタファー《暗喩》だった。核兵器は、物質の結合のために使われているエネルギーを解放してしまおうとする戦争機械だ。それは自然の中に眠っている力を実に乱暴なやり方で取り出し、地球的な規模の破壊を行なおうとする。この核兵器が海底に眠っているゴジラを目覚めさせ、怒りに燃えて人間の都市の破壊にむかわせるのである。ここには、奇妙な*2ループ《結合》が起こっている。核兵器は物質のかたちを破壊して、自然力をとことんまで解放しようとする。その力が自然の美しさと都市の幸福を破壊しつくしてしまうのだ。だが、この破壊をきっかけにして、こんどは自然の側の逆襲が始まる。ゴジラは、自然が秘め持つ力の別のメタファーとして出現し、核兵器を作り出す都市の文化に壊滅的な打撃を与えようとしたのである。

*1　三〇年ぶり…「ゴジラ」第一作が公開されたのが一九五四年。それから三〇年後の一九八四年に、第一作をふまえた新作が公開された。この文章はそれを受けて書かれたものである。　*2　ループ…結合、繰り返し。

本文の展開

取組日 ／

得点 ／30

空欄に入る語句を指定字数で本文から抜き出せ。

1 問題提起

ゴジラが三〇年ぶりに現れた東京には、A［　5字　］が生じていた。

2 1で提起した問題の具体的説明

A［　5字　］とは、かつての東京がかかえていたB［　7字　］が解体したということである。そのような場所にゴジラが現れて何の意味があるのか。

3 比喩の提示

ゴジラは核兵器の屈折したメタファー

・核兵器＝自然の中に眠る力を乱暴なやり方で取り出し、地球規模の破壊を行なおうとする。

↓

・C［　8字　］のメタファーとしてのゴジラが目を覚まし、核兵器を作り出す都市の文化に壊滅的な打撃を与えようとする。

問一　傍線部①について、次の問いに答えよ。

(1)「質的な変化」と対比される変化について述べた部分を、本文から六字以上八字以内で抜き出せ。　▼4 対比・類比［4点］

(2)「質的な変化」とはどのようなことか。本文の語句を用いて三十字以内で説明せよ。　▼2・3 具体・抽象［7点］

問二　傍線部②について、次の問いに答えよ。

(1) どういう点で、ゴジラは核兵器のメタファーと言えるのか。ゴジラと核兵器の類似点二つをまとめた次の文の空欄に入る語句を、❶は二字、❷は八字で、本文から抜き出せ。　▼4 対比・類比［各3点］

❶［　　］から産み出され、❷［　　　　　　　　］を行う点。

(2)「屈折した」とあるが、ゴジラと核兵器の相違点は何か。七十字以内で説明せよ。　▼4 対比・類比［8点］

問三　1～3段落の内容に合致するものを、次から選べ。　▼1 問題意識［5点］

ア．ゴジラは、テクノポリスとなった東京に暮らす私たちに、かつてあった古きよきものを思い出させるために帰ってきた。

イ．三〇年ぶりに帰ってきたゴジラは、核兵器に眠りを覚まされた怒りから、以前よりも巨大化し、その性質もより凶暴になった。

ウ．ゴジラが大都市である東京を破壊し尽くすエネルギーは、本来、自然の中に眠っている、物質を結合させる力である。

エ．三〇年前のゴジラは、人間が自然の中に眠る力を乱暴に取り出そうとしたことに対する自然の側の逆襲として、東京を襲った。

コラム mini

『ゴジラ』第一作が公開された一九五四年は、太平洋上のビキニ環礁《かんしょう》における水爆実験によって日本の漁船・第五福竜丸が被ばくし、乗組員一名が亡くなった年です。「第三の被ばく」とも呼ばれたこの事件が、『ゴジラ』制作の動機となったと言われます。ゴジラと核兵器の「奇妙なループ」とは、けっして筆者の机上の空論ではないのです。

ヒント

問一(2)「質的な変化」について、2段落以降を読み進めても、これが「質的な変化」であると明記されている箇所はありません。そのような場合は、傍線部の語にトコトンこだわりましょう。「質的な」とはどういうことか？　何から何に「変化」したのか？　そのように疑問点を意識しながら読み進めることが肝心です。

ゴジラが踏み荒したものは何か ②

第15回から第16回は、7つの段落からなるひと続きの文章です。（この回は、4～7段落）

4 核兵器とゴジラのこの奇妙な結合には、近代がもうずっと長いことかかえ込んできたモダンな主題の、①コンプレックスにみちた表現を見つけることができる。近代はつねに形式や構造の解体と、それによって自由になったエネルギーをもとにした再創造という主題を、たえることなく変奏しつづけてきた。そのいちばんいい例が近代アートであり資本主義である。たとえば資本主義はそれまでの社会を作りあげていたコード《規則》の破壊をくり返す。そうやったあげく自由になった人間の自然力を欲望という流体に変えて、資本の水路の中に流し込んでいこうとするのだ。モダンな主題群は、この資本主義のやり方に縛られている。そこでは、形式の解体破壊による自然力の解放とそのコントロールが、「創造」という名前のもとに、くり返し語り続けられてきた。三〇年前の東京を破壊するゴジラには、②核兵器と資本主義が象徴するこういうモダンな主題が、暗い色調の中にまぎれもなく表現されていた。

5 むろん三〇年たったからと言って、いまの東京からこのモダンな主題群が消え去ってしまったというわけではない。実際、以前よりもたくさんの核兵器が私たちの頭上にむけられ、資本主義は地球をあますところなく、おおい尽くそうとしている。けれど、その中で、いま私たちの現代が、モダンを越えてまったく新しい主題へむかおうとする徴《しる》しを見せ始めていることも、また事実なのである。

6 モダンな主題や思考法に共通しているのは、自然に対する神経症的な恐れだ。そこでは自然はディズニー・ランドとして去勢されるか、さもなければ怪物的な力の世界に閉じ込められている。けれどモダンな思考は、かたちや構造の破壊をとおして、この自然の怪物的な力に触れようとする。そのとき産まれてくるのが、自然力の＊黙示録的なメタファーである核であり、ゴジラであり、東京破壊であり、またその力をコントロールするための資本主義であり、ファシズムであったのだ。ところが、いま私たちの現代が見つけ始めているのは、破壊をつうじて力の源泉に触れる、というモダンなやり方ではなく、生成《ジェネシス》する自然と人間との、もっと実のある対話の可能性なのである。

7 （中略）生成する自然との対話をめざそうとするものにとって、自然はもはや怪物ではない。それどころか、むしろ③私たちの不完全で神経症的な知性の方を「怪物化」し、「ジャングル化」することこそが、モダンの先に見えてきた新しい主題にとっては重要なのである。

＊黙示録…新約聖書の巻末にある一書で、イエスの再臨、神による最後の審判、神の国の到来などが述べられている。

（中沢新一『雪片曲線論』青土社 より）

本文の展開

空欄に入る語句を指定字数で本文から抜き出せ。

4 比喩（3）の説明

近代の主題＝Ⓐ［　　　　］（25字）

（具体例：近代アート・資本主義）

←

核兵器とゴジラの奇妙な結合は、この主題のコンプレックスにみちた表現

▼

5 譲歩⬇新たな主張

（むろん）三〇年たった今もこのモダンな主題群が消え去ったわけではない。

←

（けれど）それを越えて新しい主題へむかおうとする徴しが見える。

▼

6 対比

・モダンな主題や思考法＝自然に対する神経症的な恐れ

＊

←→

・新しい主題＝Ⓑ［　　　　］（25字）

7 結論

自然との対話をめざす新しい主題では、不完全で神経症的な知性の方を「怪物化」することが重要である。

取組日　／

得点　／30

問一　傍線部①「コンプレックスにみちた」と同様の意味を表す語を、1～3段落（第15回）から抜き出せ。
▼4　対比・類比［4点］

問二　傍線部②について、「モダンな主題」とはどのようなことであると筆者は説明しているか。4段落の内容をふまえて、四十字以内で説明せよ。
▼2・3　具体・抽象［10点］

問三　傍線部③について、「私たちの不完全で神経症的な知性の方を『怪物化』し、『ジャングル化』すること」が重要なのはなぜか。その理由を五十字以内で説明せよ。
▼4　対比・類比／6・7　主張・理由・具体例［10点］

問四　1～7段落（第15・16回）全体の趣旨に合致するものを、次から選べ。
▼1　問題意識［6点］

ア．モダンな主題は形式の解体破壊とそこからの創造をくり返し行ってきたが、その根底には自然に対する恐れの意識が潜んでいる。
イ．初めて現れたゴジラは核兵器の屈折したメタファーであったが、三〇年後に現れたゴジラは資本主義に対するコンプレックスが表現されたものである。
ウ．モダンな主題はすでに行き詰まっているが、自然を破壊しながら自然との実りある対話もめざす、新しい知性が現われつつある。
エ．ゴジラが再び帰ってきたのは、自然を乱暴に扱う人間の思い上がりに対する自然からの反撃という、三〇年前とは異なる主題のためである。

コラム mini

初めて『ゴジラ』が公開されて六十年以上たち、私たちの「自然に対する神経症的な恐れ」は克服されたのでしょうか？　たとえば、二〇一一年に発生した福島第一原発事故に対する反応は、脱原発を声高に叫ぶ人も、原発の安全性を執拗に唱える人も、屈折した感情を心の奥底に抱えているように思えます。「生成する自然との対話」に向けて、道のりはまだ遠いのかもしれません。

ヒント

問二の傍線部②にある「モダンな主題」という文言は、2段落でも登場しました。2段落では「モダンな主題」が何かについて説明はありませんでしたが、4段落まで読み進めるとわかりましたね。文は読んだ時点ですぐに意味がわかるとは限りません。わからなくても何か重要そうだと感じた部分は印をつけて先に読み進めることが肝心です。

反歴史との対話

【二〇一八年度　立教大・改】

取組日　／

得点　／30

1　資質によってか、運命によって、あるいは偶然によってか、他のもっと不可解な理由によって、あるいは考えつくした末の選択によってか、自己の属する社会になじめないだけでなく、ほとんどこれと敵対するまでに異質な感性や思考をつちかってしまう人間たちがいて、彼らはその社会に対する敵意を、〈歴史〉に対する拒否として表明することがある。自己を生み形成し、自分の欲望や精神や言語、あるいは身体さえもつちかったものに対して自己を異質と感じる。幸いにして処刑や監禁、追放の憂き目にあわなければ、彼はみずからの属する社会が〈歴史的変化〉をとげるための何らかの触媒になり、その社会への強い異和感を創造的な機会に変えることができるかもしれない。

2　一つの社会が、その中の異質な分子によって突然変異をとげ、たえず変化し、また変化自体を進歩や進化とみなす。放蕩《ほうとう》息子や、贖罪《しょくざい》の山羊や、裏切り者、あるいは亡命者のような存在が、結局は一つの集団を衰退や停滞や破滅から救うことになる。歴史をもつほどの社会は、必ずこのような否定的要素を肯定に変える危ういドラマを含み、このようなドラマをめぐって歴史を生み、歴史をしるし、次々書き改める。どんな異分子さえも、自己のなかに取り込み、より複雑でより柔軟なシステムとなったこのような〈社会体〉に、それでも居場所を見出せず、また見出したくないものは、この社会に反逆するだけでなく、この社会の〈歴史〉に敵意をむけざるをえない。

3　たしかに①〈歴史〉への敵対や批判さえも〈歴史〉をもつ社会に固有の現象であり、それがまた〈歴史〉の展開の一要素になっていくかもしれない。あるいはまた〈歴史〉の批判は、場合によっては、ほとんど修復が不可能なほど、その歴史との断絶として生きられるしかなく、一つの社会体のなかに決して*1彌縫《びほう》しきれない裂け目や穴やカオスを刻むかもしれない。

一つの物を孤立させ、そのなかにそれ独自の、唯一の意味を流れこませるこの能力は、見る者が歴史を廃止することによってだけ可能になる。あらゆる歴史から身をはぎとるためには例外的な努力が必要である。（*2ジャン・ジュネ『アルベルト・ジャコメッティのアトリエ』）

歴史がなんらか過剰になると生は崩壊し退化し、最後にはまたこの退化を通して歴史そのものも退化することになる。（*3ニーチェ『反時代的考察』小倉志祥訳）

4　このいかにも断定的で、ほとんど歴史的なものの全体にむけられた厳しい*4弾劾《だんがい》は、いったい歴史における何にむけられているのか、このとき一体「歴史」という言葉によって何が意味されているのか。正しい歴史と誤った歴史、良い歴史と悪い歴史があるのではなく、歴史そのものが、ここではほとんど有害な何かとみなされている。このとき歴史とは、過去の〈出来事〉の総体をさすのか、それとも出来事の〈記憶〉をさすのか、あるいはそれらの出来事を記録した〈文書〉をさすのか。*5中島敦は、歴史に題材をとったあのユニークな短編小説で、まさに歴史とは何かという問い自体を作品に結晶させたのだった。

「歴史とは、昔、在った事柄をいうのであろうか？　それとも、粘土板の文字をいうのであろうか？」（「文字禍」）

5　ジュネやニーチェにとって、歴史が忌まわしいものであるのは、いったいなぜなのか。ニーチェはこの文で、歴史が過剰になるとき、歴史そのものが退化することになると、逆説めいた論理を述べている。歴史は過剰であってはならないが、まったく不在であってもならない、歴史が健全であるための均衡点が存在する、といいたいように。ニーチェが批判しているのは、歴史の過剰であって歴史そのものではない。しかし歴史が過剰になることは、おそらく歴史の本性なのだ。だからこそ歴史が批判されなければならなかった。ジュネの方は、まさに歴史に批判を向け、一つの存在がそれに固有の唯一の意味を獲得するには、歴史から離脱しなくてはならないという。

6　②歴史は、個別的な実存の代替不可能な唯一性（孤独）を、何度も反復されてきた同じ役割や、同じ意味のなかに位置づけてしまう。歴史は、あなたが誰であるかを教え、何かであることを強い、過去をつらぬき打ち立てられた意味の連鎖のなかに、あなたを閉じ込めてしまう。歴史的な栄光を浴びるのは、何かしら恥ずかしいようなことだ。そのときあなたは、すでに歴史によって定義され、歴史によって意味を与えられ、歴史によって存在している。確かに歴史から排除されることを恥辱と感じる人間がいる一方で、歴史に関与し、歴史と結託し、癒着することを恥辱と感じる人間がいる。歴史が与える意味にどうしても異和を覚え、むしろ無意味でありたいと願う生き方さえある。

7　歴史に対するこのような問いや批判そのものが、すでに歴史を前提し、歴史的な社会の中で問われているのは確かだ。一つの存在の固有性が、*6十全《じゅうぜん》に感受され、実現され、完遂されなければならないという要求は、これに対比される別の固有性があること、過去に生きた他者やこれからやってくる他者もまた別の固有性をもって存在することを前提としている。歴史を弾劾する思考は、決して歴史から無垢《むく》である立場を予定しているわけではない。しばしばそれは、公に、あるいは大多数によって歴史とみなされているのとは異なる、③もうひとつの歴史を求めている。それをやはり歴史とよぶかどうかは、確かに用語の問題にすぎないと言える。

（宇野邦一『反歴史論』講談社学術文庫　より）

＊1　彌縫…ほころびのすみずみまでを縫い合わせること。
＊2　ジャン・ジュネ…フランスの小説家、詩人、劇作家（一九一〇―一九八六）。
＊3　ニーチェ…ドイツの哲学者（一八四四―一九〇〇）。
＊4　弾劾…罪状を明らかにして、責任を追及すること。
＊5　中島敦…日本の小説家（一九〇九―一九四二）。
＊6　十全…少しも欠けたところがないこと。

問一　傍線部①の説明として適切なものを、次から選べ。　▼5　原因・結果［6点］

ア．創造性を発揮する異分子は、社会から追放されるまでの間に、その歴史に存在しない新しいアイデアを生み出す、ということ。

イ．社会は、進歩すればするほど異分子を取り込んで柔軟性を増すため、批判が減少しその歴史も安定的になる、ということ。

ウ．歴史には否定的要素を肯定に変える危ういドラマも含まれ、それもまたその社会の歴史を作る、ということ。

エ．社会に居場所を見出せない者は、その歴史に敵意をむけざるをえず、紛争の多い歴史をもたらす、ということ。

オ．社会の歴史が進むほど異分子が増え、ジャン・ジュネやニーチェのような歴史を弾劾する思想家が増加する、ということ。

問二　3段落にジュネとニーチェの言葉が引用されているが、両者の考え方の対立点を筆者はどのように捉えているか。三十字以内で説明せよ。　▼4　対比・類比［10点］

問三　傍線部②の説明として適切なものを、次から選べ。　▼2・3　具体・抽象［7点］

ア．人間は本来孤独な唯一の存在であるべきにもかかわらず、同じことを繰り返す歴史の記録者であること。

イ．固有の役割や意味を持っているはずの存在を、歴史的に幾度も出現したドラマになぞらえて、理解してしまうこと。

ウ．歴史上の出来事を基準として栄誉を与えられるのは、独創的な人にとって単に過去を再現しただけという屈辱にすぎないこと。

エ．歴史が与える役割から解放され、独自の生き方を貫きたいという人は、いつの時代にも多数いたこと。

オ．自らは独自に行動していると考えていても、結局歴史上の人物や出来事と同じことをしているにすぎないこと。

問四　傍線部③の説明として適切なものを、次から選べ。　▼2・3　具体・抽象［7点］

ア．歴史的な社会の外で、本来の固有性そのままに生きている存在に関する記録。

イ．同時代、過去、未来の他者とは区別される、超越的な存在に関する記録。

ウ．過去の記憶と固く結びつき、そこからは分離することができなくなった記録。

エ．公の歴史とは区別される、一個人の完遂された固有の生き方に関する記録。

オ．大多数によって認められている歴史とは異なる、亡命者の側の記録。

18 実践

入試問題にチャレンジ！②

「商品」と「贈り物」を分けるもの

【二〇一九年度　津田塾大・改】

取組日　／

得点　／30

[1] 「経済」と聞いて、どんなことを思い浮かべるだろうか？

[2] コンビニでお金を払ってチョコレートを買うことは、まぎれもなく経済活動のように思える。では、そのチョコレートをバレンタインの日に好きな人に贈ることは、経済活動に入るだろうか？

[3] この行為は、ふつう「経済」とは異なる領域にあると考えられている。「チョコレート」というモノが、同じように人から人へと動いていても、一方には「経済らしさ」があり、他方には「経済らしさ」がない。その「経済」のリアリティをつくりだしているのは、なんなのか？

[4] ほんのささいな日常の行為のなかで、ぼくらが現実をつくりあっていることを、身近な「経済」の事例から確認していこう。

[5] 店で商品を購入するとき、金銭との交換が行われる。でも、バレンタインデーにチョコレートを贈るときには、その対価が支払われることはない。好きな人に思い切って、「これ受けとってください」とチョコレートを渡したとき、「え？、いくらだったの？」と財布からお金をとり出されたりしたら、たいへんな屈辱になる。

[6] 贈り物をもらう側も、その場では対価を払わずに受けとることが求められる。このチョコレートを「渡す／受けとる」という行為は贈与であって、売買のような商品交換ではない。だから「経済」とは考えられない。

[7] では、ホワイトデーにクッキーのお返しがあるとき、それは「交換」になるのだろうか。この行為も、ふつうは贈与への「返礼」として、商品交換から区別される。たとえほとんど等価のものがやりとりされていても、それは売買とは違う。そう考えられている。

[8] 商品交換と贈与を区別しているものはなにか？

[9] フランスの社会学者ピエール・ブルデュは、その区別をつくりだしているのは、モノのやりとりのあいだに差しはさまれた「時間」だと指摘した。

[10] たとえば、チョコレートをもらって、すぐに相手にクッキーを返したとしたら、これは等価なものを取引する経済的な「交換」となる。ところが、そのチョコレートの代金に相当するクッキーを一カ月後に渡したとしても、それは商品交換ではない。返礼という「贈与」の一部とみなされる。このとき、やりとりされるモノの「等価性」は伏せられ、「交換」らしさが消える。

[11] 商品交換と贈与を分けているものは時間だけではない。お店でチョコレートを購入したあと、そのチョコレートに値札がついていたら、かならずその値札をはずすだろう。さらに、チョコレートの箱にリボンをつけたり、それらしい包装をしたりして、「贈り物らしさ」を演出するにちがいない。

[12] 店の棚にある値札のついたチョコレートは、それが客への「贈り物」でも、店内の「装飾品」でもなく、お金を払って購入すべき「商品」だと、誰も疑

わない。でもだからこそ、その商品を購入して、贈り物として人に渡すときには、その「商品らしさ」をきれいにそぎ落として、「贈り物」に仕立てあげなければならない。

13 なぜ、そんなことが必要になるのか?

14 ひとつには、ぼくらが「商品/経済」と「贈り物/非経済」をきちんと区別すべきだという「きまり」にとても忠実だからだ。この区別をとおして、世界のリアリティの一端がかたちづくられているとさえいえる。

15 そして、それはチョコレートを購入することと、プレゼントとして贈ることが、なんらかの外的な表示(時間差、値札、リボン、包装)でしか区別できないことを示してもいる。

16 たとえば、バレンタインの日にコンビニの袋に入った板チョコをレシートとともに渡されたとしたら、それがなにを意図しているのか、戸惑ってしまうだろう。でも同じチョコレートがきれいに包装されてリボンがつけられ、メッセージカードなんかが添えられていたら、たとえ中身が同じ商品でも、まったく意味が変わってしまう。ほんの表面的な「印」の違いが、歴然とした差異を生む。

17 ぼくらは同じチョコレートが人と人のあいだでやりとりされることが、どこかで区別しがたい行為だと感じている。だから、わざわざ「商品らしさ」や「贈り物らしさ」を演出しているのだ。

18 ぼくらは人とのモノのやりとりを、そのつど経済的な行為にしたり、経済とは関係のない行為にしたりしている。「経済化=商品らしくすること」は、「脱経済化=贈り物にすること」との対比のなかで実現する。こうやって日々、みんなが一緒になって「経済/非経済」を区別するという「きまり」を維持しているのだ。

(松村圭一郎『うしろめたさの人類学』ミシマ社 より)

問一　傍線部に「一方には『経済らしさ』があり、他方には『経済らしさ』がない」とあるが、本文中の次の物事は、どちらにあたるか。「経済らしさ」があるものをA、「経済らしさ」がないものをB、そのいずれでもないまたはいずれでもあり得るものをCと答えよ。　▼4　対比・類比［各3点］

(1)　チョコレートをもらってすぐにクッキーを返すこと
(2)　値札のついたチョコレート
(3)　リボンや包装をしたチョコレート
(4)　バレンタインデーに、コンビニの袋に入れてレシートと一緒にチョコレートを渡すこと

(1)	(2)	(3)	(4)

問二　次の【資料】は、本文と関係の深い本を取り上げ、本文とその本の内容とを関連づけて解説したものである。これを読み、空欄にあてはまる内容を、後の【条件】(i)～(iii)を満たすように書け。　▼2・3　具体・抽象／4　対比・類比［18点］

【資料】

価値は対立から生じ、関係の網の目に生れる。この体系において「存在する」ということは、「関係づけられて在る」ということの同義語にほかならない。

（丸山圭三郎『ソシュールの思想』岩波書店　より）

丸山圭三郎の文章は、ソシュールという言語学者の考えに基づいて、「物事の価値・意味は、それを取り巻く他との対比・関係性のなかで決まる」ということを述べている。たとえば、この世に色を表す語が〈黒／白〉の二語しか存在しなかったとしよう。そのとき、〈黒〉という語が意味できる範囲は、〈白〉という語が意味できる範囲以外の範囲、と定義され、逆に〈白〉という語が意味できる範囲もまた、〈黒〉という語が意味できる範囲以外の範囲、と定義されることになるわけである。このような〈そのものの意味は他者との対比・関係性の中で決まる〉という発想は、言語論のみならず、文化人類学や哲学など、他の学問ジャンルにも応用されていくことになる。

たとえば、次の図を見てみよう。［　　　　］

図　語の表す意味の範囲

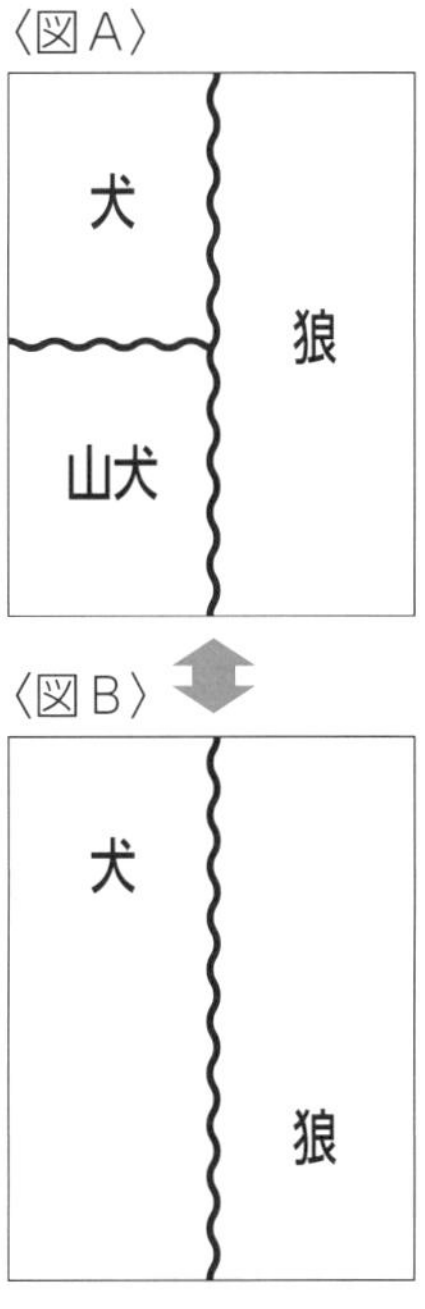

【条件】

(i)　二つの文に分けて、百字以内で書くこと。
(ii)　一文目は、図Aと図Bの「犬」の意味について書くこと。
(iii)　二文目は、「同様に」という言葉で始め、それに続けて、本文1～18段落から一文を抜き出して書くこと。

19 実践

生命にとって自己とは何か

【二〇一八年度 明治大・改】

取組日 ／

得点 ／30

1 自己と他者。ギリシアの時代より長く哲学の命題であり続けたこの問題を考えるとき、まず私たちがイメージするのは、目に見える個体としての自己、そしてやはり目に見えるものとしての他者という存在であろう。内なる自己というものを考えるときにも、その思考のベースには、一枚の皮膚によって囲われた一人の人間としての〈私〉があるはずである。

2 自己を考えるとき、［ ❶ ］としての他者を考えることが重要になるように、「内なる自己」というものに目を向けようとすると、自己を取り巻く外の環境に目を向けざるを得ない。自分のまわりにあるすべてが、外部環境として自己の生存に何らかの関わりを持っている。単純な図式である。

3 しかし、自分という存在は、どこまでが自分なのかと考えると、少し事情は複雑になるだろう。一枚の皮膚に囲われた内部が自分である。生物学的にはいちおうそのように言えそうだが、実は私たち自己の内部には他者をも棲《す》まわせている。単に哲学的な思考の枠組みではなく、生物としての私たち生命の内側には、他の生命が棲み着いているのである。

4 たとえば腸のなかのバクテリア（腸内細菌）。抗菌石鹸、抗菌まな板、抗菌靴下等、抗菌アイテムが流行しているが、どんなに抗菌に気をつけても、私たちの内部、特に大腸の中には数えきれないバクテリアが棲んでいる。最近の研究によれば、その数１０００種類、６００兆〜１０００兆個。試みに、それらあなた一人の大腸のなかに棲んでいるバクテリアを一列に並べてみればよい。実に地球を15〜25周もできる長さになることだろう。彼らが勝手に棲んでいるのではなくて、棲んでもらっているのである。彼らなしでは、私たちは正常な生活を営めない。私たち〈自己の内部〉には、それだけの数の他者がいる。

5 ①腸の中は、トポロジー（位相空間）的には外部であり、バクテリアは〈自己の外部〉にある存在なのだと言うことはできるだろう。それでは、あなたの個々の細胞のなかに、他者が棲んでいるということは知っているだろうか。実は、私たちを作っている60兆個の細胞の、一つ一つの内部には、かつてのバクテリアの子孫が棲んでいるのである。ミトコンドリアと呼ばれて、個々の細胞にエネルギーを供給してくれている細胞内の存在、その大切な細胞小器官は、太古の昔、私たちの内部に棲み着いて、今もなお私たちと共生しているバクテリアの成れの果て（失礼！）、子孫なのである。彼らは自分自身のＤＮＡを持っていて、分裂しながら数を増やしている。このミトコンドリアは他者なのか自己なのか。自己と他者は生物学的にもややこしい。

6 私たちが皮膚によって外界から区画されているように、個々の細胞というレベルで見た生命も、一枚の細胞膜によって外界から区画されている。バクテリアとか酵母などの単細胞生物は、一個の細胞が一個の生命である。個々の生命体は、細胞膜によって外部の環境と区画されることによって、生命なのである。私たち多細胞生物においても、個々の細胞は、それぞれ細胞膜によって外部、または他の細胞と区画されている。

7 そもそも生命は、膜で囲われることによって、はじめて個々の生命が〈細胞〉という単位として誕生したのである。外界から区画されること、これは生命であることの最低必要条件の一つである。自分を囲む膜がきっちりと自己の内部と外部とを区画してくれなければ、生命としての安定性と、［ ❷ ］は保てない。

8 事実、細胞の「生き死に」をチェックする方法として、私たち哺乳類の細胞にある種の染色液を加えて、細胞が染まるかどうかでチェックする方法がある。染まれば、細胞膜に孔《あな》が開いているので、その細胞は死んでおり、染まらなければ細胞膜が完全に閉じていることから、それは生細胞であると判断される。つまり生きているとは、自己をまわりの環境から〈区画化〉することが前提とされているのである。

9 しかし、生命の誕生に際して、細胞（生命）が膜によって区画されたとき、細胞は同時に決定的な自己矛盾を抱え込むことになってしまった。膜によって外界と隔てられなければ生命としては存在できないが、いっぽうで、外界と完全に隔離されてしまえば、これまた生命としての活動を営むことはできないのである。

10 生命が生命であるためには、代謝活動が必須である。外部から栄養物や酸素などの生存に必要な多くの分子、物質を取り込み、それを自己の形成に必須なさまざまの高分子やエネルギーの生産のために使わなければならない。外部から遮断されると、反応（代謝）に必要な物質の供給がストップし、かつ反応に必要なエネルギーの供給も遮断される。これでは反応が自己完結的になり、エントロピー増大の法則に従って、完全なる無秩序へと生命活動は減衰するほかはない。

11 いっぽうで、代謝活動のなかでできた廃棄物（ゴミ）は、外の環境に排出しなければ、これまた生きてはゆけない。たとえばタンパク質は、老化したり、外部からのさまざまのストレスによって壊れてしまう（変性）。この変性したタンパク質を分解処理し、廃棄処分してやらなければ、神経変性疾患などを引き起こすことになってしまう。アルツハイマー病やパーキンソン病、筋萎縮性側索硬化症（ＡＬＳ）などのよく知られた神経変性疾患の原因は、多くの場合、変性タンパク質の処理機構の破綻によるものである。

12 つまり、生命は外部に対して「閉じつつ、開いて」いなければならないのである。事実細胞膜は、文字通り水も漏らさぬ完全性（インテグリティ）を保ちながら、必要に応じて、水やアミノ酸、グルコースやさまざまなイオンを旺盛に細胞内部に取り込むことができる。また逆に、インスリンやヘモグロビンなどの血中タンパク質を細胞外部に分泌し、不要なタンパク質のゴミやイオンも細胞外に放出する。「閉じて」いなければ生命は維持できないが、「閉じて」ばかりいては、同じく生命活動は維持できない。

13 「閉じつつ、開く」、このジレンマを克服するために、あるいはアポリア（困難）を解決するために、生命は、その誕生以来、さまざまな方法を編み出してきた。そのひとつひとつをつぶさに見るとき、そのあまりの見事さに思わず息を呑《の》む。私はもちろん進化論を信じるものであるが、その個々の工夫、トリックの多様性と巧妙さに触れるとき、これらが単に時間のなかで、試行錯誤の果てに成ったシステムとは、にわかに信じられないことが多い。どこかに全能の存在があり、その頭の中で練りに練った、考えに考えられた挙句の工夫ではないかと疑ってみたくもなるのである。

14 さらに生命の本質として、「②変わりつつ、変わらない」という性質もきわめて大切なものである。私たち個体は、一個の受精卵が細胞分裂を重ね、60兆個という数の細胞を生み出してきたのであるが、単に増えるだけでは個体を形成することはできず、分裂の過程でさまざまの細胞の個性を生み出しても来た。発生の途中で、あるものは血液細胞になり、あるものは筋肉細胞や神経細胞になる。これを分化と言うが、常に変化しつづけることは生命の大切な性質である。

15 いっぽうで外界は常に変化し、私たちの生命に重大な影響を与えようとしている。それら外界の急激な変化に対して、その都度、その変化のままに自身を変えていたのでは、生命の自律性と統一性はたちまち危機に瀕《ひん》することにならざるを得ない。外界の変化を取り込み、対応しつつ、全体としては、内部の変化を最小限に抑える必要がある。これを恒常性（ホメオスタシス）の維持と言う。あくまで自己は自己。これを頑固に死守しなければ、生命を維持してゆくことはできない。この恒常性維持機構はまた、膜を介した外界との物質や情報のやり取りを前提、そして必須のものとしている。

16 外界の変化にやわらかく対応し、それをやり過ごしつつ、己はしっかりと維持していく。そんなイメージである。内部の恒常性を守るために、外部にどのように対応し、折り合いをつけてゆくか。その*手練手管《てれんてくだ》が大切になってくるのは、何も対人関係や外交関係だけではなさそうである。アイデンティティの確保は、恒常性の維持を前提としていると言ってもいいだろう。

（永田和宏『生命の内と外』新潮選書刊）

*手練手管…人を巧みにだます手段。

問一　空欄❶にあてはまる言葉として適切なものを、次から選べ。

▼2・3　具体・抽象［4点］

ア．逆説　イ．類比　ウ．対概念　エ．相対性

問二　傍線部①「腸の中は、トポロジー（位相空間）的には外部であり、バクテリアは〈自己の外部〉にある存在なのだと言うことはできるだろう」と言えるのはなぜか。適切なものを、次から選べ。

▼6・7　主張・理由・具体例［5点］

ア．腸の中を科学的に観察するためには、内なる自己というより外部空間として位置づけたほうがよいから。

イ．腸の中は、一枚の皮膚によって囲われた自己というモデルを裏返したものとみなすことができるから。

ウ．腸の中に寄生するバクテリアは人間とは異なる生命体であり、自己の内に含むことができないから。

エ．腸の中を、人間存在を維持するための外的環境と捉えることで、内なる自己の発見がなされるから。

問三　空欄❷にあてはまる言葉として適切なものを、本文中から七字で抜き出せ。

▼2・3　具体・抽象／5　原因・結果［4点］

問四　傍線部②「変わりつつ、変わらない」とあるが、その具体的な内容について、「分化」および「恒常性」という語を必ず用い、百字以内で説明せよ。

▼2・3　具体・抽象［12点］

問五　1段落に二重傍線部「自己と他者。ギリシアの時代より長く哲学の命題であり続けたこの問題を考えるとき」とあるが、筆者が望ましいとする「自己」のあり様が述べられている一文を本文中から探し出して、最初と最後の五字をそれぞれ答えよ。

※句読点を含む。

▼1　問題意識［5点］

〜

リスク社会を生きる

【二〇一九年度　成蹊大・改】

取組日　／

得点　／30

1　リスクとは何か？　リスクは、とりたてて現代に——後期近代に——現れたものではなく、伝統社会にもあふれていたのではないか？　①たとえば自然災害の脅威——それは伝統社会においてより大きかったはずである——は、リスクではないのか？　そうではない。そのことを理解するためには、リスクriskと危険dangerとの相違を把握しておかなくてはならない。リスクは、選択・決定との相関でのみ現れる。リスクは、選択・決定に伴う不確実性(の認知)に関連しているのだ。リスクとは、何事かを選択したときに、それに伴って生じると認知された——不確実な——損害のことなのである。それゆえ、地震や旱魃《かんばつ》のような天災、突然外から襲ってくる敵、(民衆にとっての)暴政などは、リスクではない。それらは、自らの選択の帰結とは認識されていないからである。とすれば、リスクが一般化するのは、少なくとも近代以降だということになる。社会秩序を律する規範やその環境が、人間の選択の産物であるとの自覚が確立した後でなければ、そもそも、リスクが現れようがないからである。

2　ここで、リスク社会のリスクに関して直ちに見出しうる特徴をはっきりさせておかなくてはならない。リスク社会のリスクには、二つの顕著な特徴がある。第一に、予想され、危惧されているリスクは、しばしば、きわめて大きく、破壊的な結果をもたらす。たとえば、温室効果ガス(二酸化炭素等)の増大に代表される、自然生態系の破壊は、リスクの典型だが、その結果は、場合によっては、人類の、あるいは地球の生物全体の絶滅でさえありうる。あるいは、テロもまた、リスク社会のリスクだが、それがもたらす死傷者数や精神的なダメージがいかに大きなものであるかを、われわれはすでによく知っている。

3　第二に、このようなリスクが生じうる確率は、一般に、非常に低いか、あるいは計算不能である。たとえば、地球の温暖化によってある島が完全に水没してしまう確率を、きちんと算定することはほとんど不可能である。あるいは、東京やロンドンのような、先進国の大都市で無差別テロが起こりうることは分かっているが、その確率は、非常に低いと見積もらざるをえない。

4　つまり、リスクがもたらす損害は、計り知れないほどに大きいが、実際にそれが起こる確率は、きわめて小さい(と考えないわけにはいかない)。それゆえ、損害の予想(確率論でいうところの期待値)に関して、人は、互いに相殺しあうような分裂した感覚をもたざるをえない。

5　述べてきたように、リスク社会は、社会システムが、マクロなレベルでも、ミクロなレベルでも、人間の選択の所産であることが自覚されている段階に登場する。システムの再帰性の水準が上昇し、システムにとって*1与件と見なされるべき条件が極小化してきた段階の社会である。このとき、ときに②皮肉な結果に立ち会うことになる。リスクの低減や除去をめざした決定や選択そのものが、リスクの原因となるのだ。たとえば、石油等の化石燃料の枯渇はリスクだが、それに対処しようとして原子力発電を導入した場合には、それが新たなリスクの源泉となる。あるいは、テロへの対抗策として導入された、徹底したセキュリティの確保は、それ自体、新たなリスクでもある。このように、リスクそれ自体が自己準拠的にもたらされるのである。

6　リスク社会は、古代ギリシア以来の倫理の基本を否定してしまう。どういうことか？　アリストテレスが述べたことは、美徳は*2中庸の内にある、ということだった。だが、リスク社会のリスクを回避するためには、中庸の選択は無意味である。中庸が最も価値が低く、選択は両極のいずれかでなくてはならない。たとえば、地球の温暖化を避けるべく、二酸化炭素の排出量を下げる——石油の使用を抑制する——べきかどうか、が問題だとしよう。近い将来——このまま石油を使用し続けた場合に——、地球がほんとうに温暖化するのかどうかは、誰にも分からない。このままでは地球が温暖化するのだとすれば、われわれは、二酸化炭素の排出量を大幅に下げなくてはならない。だが、逆に、温暖化はまったくの杞憂《きゆう》なのかもしれない。その場合には、われわれは今のまま、石油を使用し続けてもかまわない。確率論から導かれる選択肢は、両者の中間を採って、中途半端に石油の使用量を減らすことだが、それこそ最も愚かな選択肢である。もし温暖化するのだとすれば、その程度の制限では効果がないし、また温暖化しないのだとすれば、何のために石油の使用を我慢しているのか分からない。結果が分からなくても、結果に関して明白な確信をもつことができなくても、③われわれは、両極のいずれかを選択しなくてはならないのである。

7 さらに、こうした態勢は、民主主義的な決定の基盤を切り崩すことになる。政治的な意志決定に、民主主義が採用されるのは、何が真理なのか、何が正義なのか、誰にも分からないからである。こうした状況で、民主主義は、次のような次善の策を採る。普遍的な真理や正義があるとすれば、それは、理性的な人間のすべてが合意するはずなのだから、多数派が支持する意見こそ、正義や真理に最も近似しているに違いない、と。つまり、民主的な決定は、多様に分散する諸意見の中から、多数派の見解が集中する平均・中間を真理や正義の代用品として用いるのだ。だが、述べてきたように、リスクへの対応においては、平均や中間は無意味である。半数前後の者が反対する極端な選択肢を採らなくてはならないのだ。

8 リスク社会がもたらすもうひとつの効果は、「知」と「倫理的・政治的決定」との間の断絶があからさまなものになってしまう、ということである。学問的な認識と実践的な決定との間には、決して埋められることのない乖離《かいり》がある。前者から後者への移行には、原理的に基礎づけられない飛躍がある。だが、しかし、近代社会は、両者の間に自然な移行や基礎づけの関係が成り立っているとの幻想によって、支えられてきた。たとえば、特定の経済政策は、経済学的な認識によって正当化されると考えてきた。あるいは、生死についての倫理的な決断は、医学的・生理学的な知によって支持されうると信じてきた。だが、リスク社会は、知と倫理的・政治的決定との間にある溝を、隠蔽《いんぺい》しえないものとして露呈させざるをえない。なぜか？

9 科学に関して、長い間、当然のものとされてきたある想定が、リスク社会では成り立たないからだ。科学的な命題は、「真理」そのものではない。「真理の候補」、つまり仮説である。それゆえ、当然、科学者の間には、見解の相違やばらつきがある。だが、われわれは、十分な時間をかければ、すなわち知見の蓄積と科学者の間の十分な討論を経れば、見解の相違の幅は少しずつ小さくなり、ひとつの結論へと収束していく傾向があると信じてきた。収束していった見解が、いわゆる「通説」である。科学者共同体の見解が、このように通説へと収束していくとき、われわれは、——その通説自体が未だ真理ではないにせよ——真理へと漸近《ぜんきん》しているのではないかとの確信をもつことができる。そして、このときには、有力な真理候補である通説と、政治的・倫理的な判断との間に、自然な含意や推論の関係があると信じることができたのである。だが、リスクに関しては、こうしたことが成り立たない。

10 というのも、リスクをめぐる科学的な見解は、「通説」へと収束していかない——いく傾向すら見せないからである。たとえば、地球がほんとうに温暖化するのか、どの程度の期間に何度くらい温暖化するのか、われわれは通説を知らない。あるいは、人間の生殖系列の遺伝子への操作が、大きな便益をもたらすのか、それとも「人間の終焉《しゅうえん》」にまで至る破局に連なるのか、いかなる科学的な予想も確定的ではない。学者たちの時間をかけた討論は、通説への収束の兆しを見せるどころか、まったく逆である。時間をかけて討論をすればするほど、見解はむしろ発散していくのだ。リスクをめぐる科学的な知の蓄積は、見解の間の分散や*3懸隔《けんかく》を拡張していく傾向がある。このとき、人は、科学の展開が「真理」への接近を意味しているとの幻想を、もはや、もつことができない。さらに、当然のことながら、こうした状況で下される政治的あるいは倫理的な決断が、科学的な知による裏づけをもっているとの幻想ももつことができない。知から実践的な選択への移行は、あからさまな飛躍によってしか成し遂げられないのだ。

（大澤真幸『不可能性の時代』岩波新書　より）

＊1　与件…研究などの出発点として異議なく受け取られる事実・原理。

＊2　中庸…どちらにも偏らないでほどよいこと。

＊3　懸隔…かけ離れていること。

問一　傍線部①「たとえば自然災害の脅威――それは伝統社会においてより大きかったはずである――は、リスクではないのか？　そうではない」とあるが、筆者はなぜそう述べているのか。適切なものを、次から選べ。
▼6・7　主張・理由・具体例［7点］

ア．自然災害を最新の科学の力によって完全に予防しようとしても無駄なことであるから。

イ．伝統社会では宗教的な観点から自然災害を自らへの罰として受け入れざるを得なかったから。

ウ．仮に被害が甚大だったとしても自然災害は選択の結果として生じるものとは言えないから。

エ．高層建築が少ない伝統社会では自然災害が起こっても現代ほど大きな損害は生じなかったから。

問二　傍線部②「皮肉な結果」とあるが、その事例としてふさわしい内容を自分で考えて答えよ。ただし、「国際紛争」「資源」「宇宙開発」の三語を必ず用いること。
▼2・3　具体・抽象［9点］

問三　傍線部③「われわれは、両極のいずれかを選択しなくてはならないのである」とあるが、筆者はなぜそう述べているのか。適切なものを、次から選べ。
▼6・7　主張・理由・具体例［7点］

ア．中庸が好まれた伝統社会とは異なり、現代社会では挑戦的な選択を好む人の方が多いから。

イ．投票によって民主的に決定する場合、必然的に両極のいずれかを選択する結論が出てくるから。

ウ．確率論にもとづき中庸の選択肢を採ったとしても、実はリスクを回避したことにはなっていないから。

エ．地球の温暖化を防ぐためには、石油の使用量を減らすことこそが最良の施策だから。

問四　リスク社会についての筆者の考えにあてはまる記述はどれか。適切なものを、次から選べ。
▼1　問題意識［7点］

ア．リスク社会における民主的な決定には通説による裏づけがある。

イ．リスクがもたらす損害は実際に生じる確率と比例して大きくなる。

ウ．政治的な決断が科学的な裏づけをもってなされることはない。

エ．科学者たちの議論が新しい倫理を生み出している。

書き言葉という驚異—普遍語の地平へ—【二〇一九年度 上智大・改】

取組日 ／

得点 ／30

1 〈普遍語〉とは何か？

2 私は、〈普遍語〉とは、〈書き言葉〉と〈話し言葉〉のちがいをもっとも本質的に表すものだと思っている。

3 〈話し言葉〉は発せられたとたんに、その場で空中にあとかたなく消えてしまう。それに対して、〈書き言葉〉は残る。だが、①〈書き言葉〉がたんに物理的に残るというだけでは意味がない。古代エジプト語や古代ギリシャ語の文章が刻みこまれたロゼッタ・ストーンは、重さ約七百六十キロもあり、いかなる力持ちにも動かせるものではない。紀元前二世紀に造られたものだが、昔の人が、ロゼッタ・ストーンに刻みこまれた文章を読むため、海越え山越えはるばるエジプトまで行かねばならないようだったら、〈書き言葉〉はここまで人類にとって意味をもちえなかった。〈書き言葉〉は写すことができる。それも、羊皮紙や紙など、並みの人間が動かせる程度の軽いものに写すことができる。しかも、何度も何度もくり返して写すことができる。それゆえに、どこまでも広まり、どこまでも広まることによって、地球のあちこちでさまざまな言葉を話す人がそれを読むことができる。そして、読んだあとに、その〈書き言葉〉を使って、自分なりの解釈を書き足すこともできる。そうすることによって、人類の叡智《えいち》が蓄積されつつ広まる。〈書き言葉〉が、このようなものであるがゆえ、長年にわたる人類の叡智が、蓄積されつつ、大きく広く拡がっていったのである。

4 ご存じのように、ヒトは、動物の種としては、ラテン語で「ホモ・サピエンス」と命名されている。「ホモ」が「人間」、「サピエンス」が「知っている」で、「ホモ・サピエンス」とは「知っている人間」。すなわち、人類は〈叡智のある人〉と命名されている。〈書き言葉〉の発明は、人類を名にし負う〈叡智のある人〉へと、*1幾何級数的に転じたのであった。

5 そして、その〈書き言葉〉による人類の叡智の蓄積は、たいがいの場合は、一つの〈書き言葉〉でなされたほうが論理に適《かな》う。どんな言葉で話していようと、地球に住むすべての人が一つの〈書き言葉〉で読み書きすれば、人類の叡智は、もっとも効率よく蓄積されるからである。

6 事実、この世でもっとも純粋な学問だとされる数学は、今や、数学言語という一つの共通した〈書き言葉〉でなされ、それによって、地球に住むすべての人たちに開かれたものになっている。誰にとっても〈母語〉ではない数学言語こそ、もっとも純粋な〈普遍語〉なのである。

7 ②実際、人類の〈書き言葉〉の歴史は、〈普遍語〉がもつそのような機能を、存分に生かしてきた歴史であった。

8 〈書き言葉〉の起源はわからない。交易の際の記録だったのかもしれないし、呪術的なものだったのかもしれない。だが唯一はっきりとしていることがある。それは、人類の歴史を見れば、文字というものが、そうかんたんに生まれるものではないということである。今、世界にあるさまざまな文字も、歴史を遡《さかのぼ》れば原型となる文字が変化してできたものであるし、ほんとうの出発点は一つしかないという（私にはまだ信じられない）説さえもある。つまり、人類にとって、〈書き言葉〉というものは、自分たちが発明するものではなく、ほとんど例外なく外から伝来したもの——あたり一帯を覆う、古くからある偉大な文明から伝来したものであった。歴史的にも、〈書き言葉〉は〈外の言葉〉であって、あたりまえだったのである。

9 よくある表現に、「文字が入ってきた」という表現がある。歴史のなかで、無文字文化が文字文化に転じたときに使う表現である。だが、より正確な言い方をすれば、無文字文化が文字文化に転じるのは、たんに文字が伝来するからではない。人は、外から文字が伝来するや否や、あんれまあ、これはこれは世にもありがたいものが入ってきた、さあ、それではその文字とやらを使って〈自分たちの言葉〉を書いてみよう、などといって文字文化の仲間入りをするわけではない。鋤《すき》や鍬《くわ》が伝来したからといって、人は突然畑を耕すわけにはいかない。畑を耕すことの意味がまず理解されなければならないからである。いわんや、文字においてをや、である。外から伝来するのは、まずは文字そのものではなく、文字が書かれた巻物の束である。そして、ある文化が無文字文化から文字文化に転じるというのは、まずは、少数の人が、それらの伝来した巻物の束――〈外の言葉〉を読めるようになるのをいう。すなわち、その社会に少数の③二重言語者が誕生するのをいう。

10 巻物の束は、さまざまな方法で入ってくるであろう。戦争の相手からも入ってくるであろう。交易の相手からも入ってくるであろう。難民の群からも入ってくるであろう。皇帝の贈り物として、使者の頭上に高く掲げられ入ってくることも、布教活動の一端として、僧侶が抱えて入ってくることも、また、時によっては、異端の書として、流刑者の懐の奥深くに秘められて入ってくることもあるであろう。だが、④巻物の束は、たとえそれが金の箱に納められていようと、ふつうの宝物とはちがう。たしかに巻物はモノとして存在しなければならないが、読むという行為がなければ、それは黒い点や線が描かれた白い羊皮紙や紙でしかないからである。〈書き言葉〉の本質は、書かれた言葉にはなく、読むという行為にあるのである。

11 しかも、二重言語者は、たんに外から伝来した巻物を読めるようになるだけではない。二重言語者が外から伝来した巻物を読めるようになったとき何がおこるか。かれらは、実は、その〈書き言葉〉で書かれた〈図書館〉へと出入りできるようになるのである。

12 ここでいう〈図書館〉とは、蓄積された書物の総体を抽象的に指す表現である。建物のあるなしは問題としない。戦争、火事、洪水、盗難、焚書《ふんしょ》など、さまざまな歴史の荒波にもかかわらず、人類にはなお残されたたくさんの書物があり、その、たくさんの書物を集めたものが〈図書館〉である。外から伝来した巻物を読めるようになることによって、二重言語者は、その〈図書館〉への出入りが、潜在的に、可能になる。

13 無文字文化が文字文化に転じるというのは、すなわち、伝来した巻物を読める少数の二重言語者が誕生するだけでなく、それらの少数の二重言語者が、そのような〈図書館〉に、潜在的に、出入りできるようになるのを意味するのである。

14 人類は文字文化に入って、それまでとは異なった次元での、〈叡智のある人〉となった。だが、それは、読むという行為を通じて、読んだことを覚えられるからではない。記憶の量からいえば、無文字文化の長老のほうが、はるかに優れているであろう。人類が、それまでとは異なった次元での、〈叡智のある人〉となったのは、読むという行為を通じて、人類の叡智が蓄積された〈図書館〉に出入りできるようになったからにほかならない。そして、そのような〈図書館〉に出入りするということ――すなわち、読むという行為は、歴史的には、〈普遍語〉を読むということであり、二重言語者であるのを必然的に強いたのであった。別の言い方をすれば、⑤叡智を求めるという行為は、それが〈書き言葉〉を通じての行為である限りにおいて、二重言語者であるのを必然的に強いたのであった。

15 人は言うかもしれない。たとえば、ローマ帝国時代のローマ人は、ラテン語を話し、ラテン語で読み書きしていたではないかと。だが、そのローマ人でさえ、ラテン語で読み書きするようになる前は、当時、東地中海一帯の〈普遍語〉であったギリシャ語（アッティカ方言）で読み書きしていたのである。かれらがラテン語の散文で書くようになったのは、紀元前二世紀に活躍した*2大カトーからだといわれている。しかも、ラテン語の〈書き言葉〉はギリシャ語の〈書き言葉〉を翻訳するという行為から生まれたのであり、ローマ人が自分たちの〈話し言葉〉を書き表そうとして生まれたものではない。

（水村美苗『日本語が亡びるとき――英語の世紀の中で』ちくま文庫　より）

*1　幾何級数的…前に数倍する勢いで増大・変化し続けるさま。

*2　大カトー…古代ローマの政治家、文筆家。

問一　傍線部①のように言えるのはなぜか。適切なものを、次から選べ。　▼5　原因・結果［3点］

ア．〈書き言葉〉は、繰り返し写され、広がり、解釈され、徐々に変化してこそ真の意義をもつから。

イ．〈書き言葉〉は、多くの人に読まれ共有されて初めて〈話し言葉〉とは異なる意義をもつから。

ウ．〈書き言葉〉は、それを書き写すための羊皮紙や紙などの持ち運ぶことのできる媒体の発明を促したところにこそ、その意義があるから。

エ．〈書き言葉〉は未発掘の遺跡の中に眠っている間は意味をもたず、発見されて人々の注目が集まることによって意義を獲得するから。

問二　傍線部②はどういうことか。適切なものを、次から選べ。　▼2・3　具体・抽象［3点］

ア．〈書き言葉〉は、数学のような純粋な〈普遍語〉となることによって、人類の叡智を蓄積し広めるという機能を獲得した。

イ．人類の〈書き言葉〉の歴史は、人類の叡智を効率よく蓄積し広めるために、一つの〈書き言葉〉を求める歴史であった。

ウ．さまざまな〈書き言葉〉が歴史を通じて発達してきたのは、少数の〈普遍語〉が人類の叡智を蓄積し広めてくれたおかげである。

エ．人類は、広く共有される〈書き言葉〉を使うことによって、人類の叡智を蓄積し広めることに成功してきた。

問三　傍線部③「二重言語者」にあてはまる記述はどれか。適切なものを、次から選べ。　▼2・3　具体・抽象［3点］

ア．文字を使うことによって〈話し言葉〉と〈書き言葉〉との間を自由に往復することができる。

イ．〈普遍語〉としての〈書き言葉〉を解することによって、潜在的に多くの書物に接近可能である。

ウ．巻物に書かれた文字だけでなくその背後にある思想を理解することによって、文化の発展に貢献する。

エ．〈外の言葉〉を理解することによって、人類を新しい次元の〈叡智のある人〉へと導く。

問四　傍線部④はどういうことか。適切なものを、次から選べ。　▼4　対比・類比［3点］

ア．巻物は、点や線が描かれた羊皮紙や紙にすぎないので、もともと通常の宝物のような価値はない。

イ．巻物は、それ自体が価値をもつわけではなく、読まれることによって価値を発揮するという点で、通常の宝物とは異なる。

ウ．巻物は、読まれることによって地域に叡智をもたらすという点で、豪《ごう》奢《しゃ》な宝物も及ばないような高い価値をもつ。

エ．巻物は、〈書き言葉〉を読むという技能を発達させるという点で、絢爛《けんらん》な宝物以上の高い価値をもつ。

問五　傍線部⑤はどういうことか。適切なものを、次から選べ。

▼5　原因・結果［3点］

ア．人類の叡智の蓄積に接することを可能にするには、〈書き言葉〉を解さなければならないが、〈書き言葉〉は基本的に〈外の言葉〉なので、母語以外の言葉を解する人であらざるをえない。

イ．人類の叡智の蓄積を理解できるようになりたければ、〈話し言葉〉とは本質的に異なる〈書き言葉〉を読むことができる人にならなければならない。

ウ．人類の叡智を蓄積した〈図書館〉に出入りして新しい次元の〈叡智のある人〉になるためには、母語を表現する〈書き言葉〉の他に〈普遍語〉という〈書き言葉〉を解する人であらざるをえない。

エ．人類の叡智を蓄積した〈図書館〉に自由に出入りするためには、さまざまな書物が書かれたさまざまな言語の〈書き言葉〉を操る人になるしかない。

問六　〈普遍語〉にあてはまる記述はどれか。適切なものを、次から選べ。

▼2・3　具体・抽象［3点］

ア．〈話し言葉〉とちがって後世に残るという〈書き言葉〉の特質こそが、〈普遍語〉を成立させる主な要因である。

イ．〈普遍語〉は人類の叡智の蓄積に貢献するが、他方さまざまな〈話し言葉〉を表現する〈書き言葉〉を衰退させる。

ウ．数学は、人類の叡智の発展のためには一つの〈普遍語〉があるほうが望ましいということを例証している。

エ．〈普遍語〉を理解し〈書き言葉〉の〈図書館〉に出入りできる二重言語者は少数であるため、文明は人々の間に不平等を生む。

問七　15段落の持つ役割について、この段落の論の展開にも言及しながら六〇字以内で記述せよ。ただし、「反論」「具体例」「主張」「論証」の四語を必ず用いること。

▼6・7　主張・理由・具体例／8　演繹・帰納・アブダクション［12点］